道徳授業の個別最適な学びと協働的な学び

ICTを活用した
これからの授業づくり

浅見哲也・安井政樹 著

明治図書

はじめに

なぜ今、GIGAなのか？

教室には、実に多様な子供がいます。
人前で話すことが得意な子供もいれば、苦手な子供もいます。教材を1回で理解できる子供もいれば、理解するのがちょっと苦手な子供もいます。日本語をすらすらと読んだり理解できたりする子供もいれば、日本語に困難がある子供もいるでしょう。また、教室に来ることが難しい子供もいるかもしれません。

このような多様な子供が学ぶことができるようにするための一つのツールが一人一台のICT端末（以下、ICT端末）です。授業のねらいは、もちろん大事です。そのねらいを、より多くの子供が達成できるようにするという視点で、ICT端末を活用していただきたいのです。

例えば、日本語が苦手な子供でも、翻訳機能を使って端末上で交流することで、協働的な学びを展開できるかもしれません。発言が苦手な子供も同様です。一方で話すことが得意な子供もいるでしょう。そうした多様な子供を生かすような授業デザインが求められるわけです。

本書では、多様性が尊重されるこうした時代に期待される道徳教育について、社会背景から実際の活用場面まで網羅的に考えていきます。

今後の目指すべき方向性については浅見哲也先生（現・十文字学園女子大学教授、前・文部科学省初等中等教育局教育課程課教科調査官）が、そして実際の活用やこれからのAI時代については安井（札幌国際大学准教授）がそれぞれ担当し、子供の豊かな学びという視点から「個別最適な学び」と「協働的な学び」の一体的な充実を実現することをみなさんと共に考えたいと思います。

第1章では、「今求められる道徳教育と令和の日本型学校教育」というテーマで浅見先生に総論的に整理していただきます。これが、本書の大前提となります。その上で、各章では、これからの道徳教育について提案していきます。

第2章では、「Society 5.0時代を生きる子供たちを育てるために」という子供たちの未来から、道徳教育を考えます。

第3章では、「道徳科における個別最適な学び」というテーマで「指導の個別化」と

「学習の個性化」という視点から、その必要性やイメージを考えます。

第4章では、「道徳科における協働的な学び」について、誰と協働するのか、どう協働するのかという視点で考えます。

第5章では、「道徳科における個別最適な学びと協働的な学びの一体的な充実」について、学年別に一例を示しながら、考えます。

第6章では、「学びをつなげ発展させるカリキュラム・マネジメント」という視点で、今後の道徳教育についてさらに考えていきます。

変化の激しい時代だからこそ、私たちも変化していく。不易を言い訳にせず、流行を生かしながら不易を改めて見つめる。そういう機会にしていただきたいと思います。

各学校の道徳教育の質的転換がさらに進み、変化の激しい時代を生きる子供たちに必要なコンピテンシーベースの学びが展開されることを願っています。

２０２３年11月

札幌国際大学准教授　安井政樹

目　次

第３章　道徳科における個別最適な学び

第6章　学びをつなげ発展させるカリキュラム・マネジメント

第 1 章

今求められる道徳教育と令和の日本型学校教育

01 学習指導要領の趣旨

予測困難な時代への突入

「ＶＵＣＡ」という言葉をよく耳にするようになりました。この「ＶＵＣＡ」とは、volatile（変動性）、uncertain（不確実性）、complex（複雑性）、ambiguous（曖昧性）の頭文字をとってつくられた言葉であり、この世界はより一層予測困難な時代になるという意味で使われています。はたして、未来を担う子供たちには、どのような世界が待っているのでしょうか。全世界がネットワークでつながれる中で人工知能が今よりも確実に進化していることでしょう。人は簡単に必要な情報を得ることができるようになったのはもちろんのこと、人工知能に人が操作されていることにも気づき始めています。また、これまで以上に個人が積極的に情報を発信するようになったとも言えます。

今からおよそ10数年前に、未来予想の研究として、ニューヨーク市立大学大学院教授のキャシー・デビッドソン氏が「２０１１年にアメリカの小学校に入学した子供たちの65％は、大学卒業時に今は存在していない職業に就くだろう」と指摘したのを覚えているでしょうか。また、オックスフォード大学のマイケル・オズボーン氏は「今後10から20年程度で、半数近くの仕事が自動化される可能性が高い」とも指摘していました。すでに２０２０年代を迎えています。今、当時の予測を疑う人はいないと思います。その予想は確かなものとなってきているのです。

今や子供から若者のなりたいもの職業ランキングの上位には、情報機器関連の職業が名を連ねています。例えば「YouTuber」はその筆頭株です。かつてはテレビやラジオ、雑誌等の場を借りて情報を発信させていただくという立場でしたが、今ではその場を自分で創り出すようになりました。その放送局や出版社を創り出すようなプラットホーム、そのイベント会場を創り出すようなメタバースも新たな職業として動き出しています。また、自動化で代表的なものは車の自動運転機能でしょうか。しかし、私にとって身近なものは回転寿司です。かつては回転するベルトコンベアーに囲まれた中にお寿司を握る職人さんが数名いて、客の注文を受けながらも、その職人さんが旬のネタや客のことを考えて、次々に握って流してくれました。ところが今はどうでしょう。回転寿司とは言っても回転しているというよりは、席に備えつけられた端末で注文した寿司が目の前に運ばれて停止し、それを受け取ります。寿司を握る職人の姿は見られず、おそらく隠された壁の向こうでは機械が寿司を握っているに違いありません。コスト削減と効率のよさから生まれたこのシステムを消費者としてはどのように受け止めているのでしょうか。

変化している社会を否定的に捉えているわけではありません。これまでの社会をたどると、狩猟社会（Society 1.0）、農耕社会（Society 2.0）、工業社会（Society 3.0）へと変化し、人は時を経て、自然の中の生き物から社会的な生き物となりました。人は人と関わりながら生活し、豊かな暮らしを求めていきました。やがて時代は情報社会（Society 4.0）へと移り変わり、インターネットや人工知能を活用した社会（Society 5.0）を迎えています。このような社会の目的は、少子高齢化、地域格差、貧富の差などの課題を解決し、一人一人が快適に暮らせる社会の実現を目指すところにあります。つまり、個人の利益の追求はともかくとして、情報機器を活用して人々が豊かで住みやすい環境を積極的に創り出しているのです。

これまででしたら目的の場所へ行って買い物をしなければなりませんでしたが、今ではインターネット上で簡単に買い物をし、宅配業者に届けてもらうことができます。また、様々な交通手段やイベントのチケットも駅や会場に行って並ぶ必要もなく端末で購入できます。生活上必要な手続きも端末で行えることが多くなりました。何かわからない言葉や疑問があれば、その場で検索すると予想をはるかに超えた模範解答が得られ、自分の端末で写真に撮れば、その物に対する詳しい情報を教えてくれます。

これまで時間と労力をかけて人が行ってきたことをあっという間にやりとげるインターネットや人工知能の機能は計り知れません。人は研究を重ね、居心地のよい世界や社会を追求し続けた結果、生活の中にも人工知能を積極的に生かそうとしています。こうなると、人と人が直接関わることが間違いなく少なくなります。人が知らず知らずのうちに人工知能に操られることも多くなります。それが豊かで住みやすい世の中と言ってよいのか。このことは、私たちが時代の流れの中で踏みとどまって考えなければならない大きな課題であると考えます。

育成する資質・能力

では、未来を担う子供たちにこれから求められる力とは、いったいどのようなものなのでしょうか。それは、どのような未来を創っていくのか、どのように社会や人生をよりよいものにしていくのかという目的を自ら考え出す力、答えのない課題に対して多様な他者と協働しながら目的に応じた納得解を見出す力です。そこで、理解、思考、判断、表現、協働、創造といった能力が注目視され、前学習指導要領の改訂に当たって議論されてきました。このような時代、とりわけ2030年の世界を生きる子供たちを見据え、中央教育審議会答申（平成28年12月21日、以下「答申」とする）において、「何ができるようになるのか」をキーワードとし、生きて働く「知識

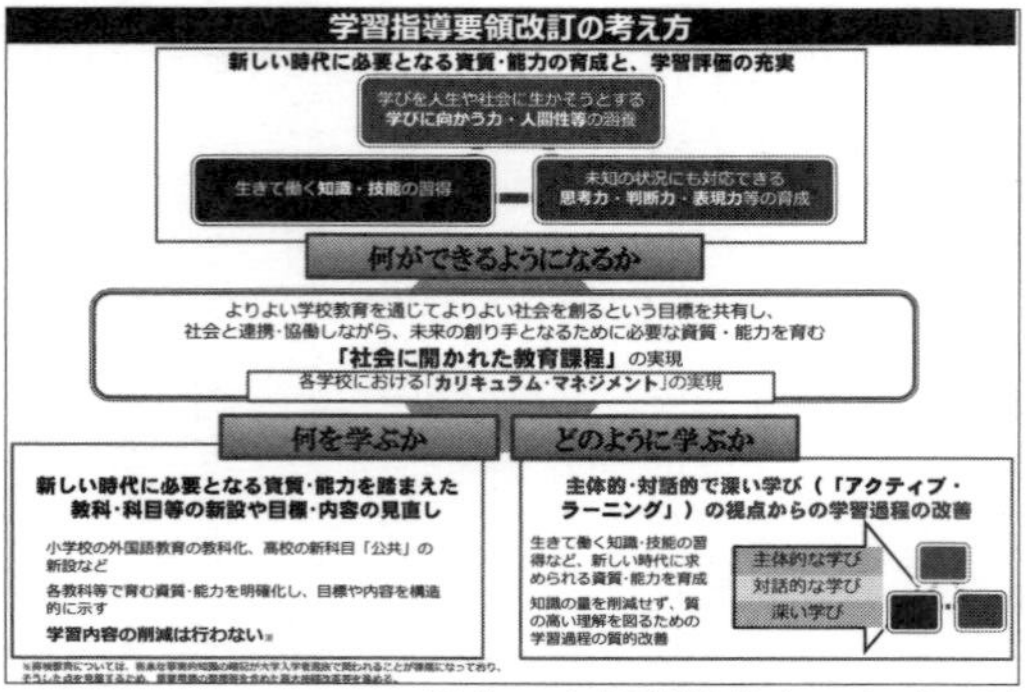

出典：文部科学省ホームページ

及び技能」、未知の状況にも対応できる「思考力、判断力、表現力等」、学びを人生や社会に生かそうとする「学びに向かう力、人間性等」の三つが、これからの時代を生きるための必要な資質・能力として明らかにされました。こうして、平成29年度に告示されたのが現学習指導要領なのです。

改めて今次の学習指導要領の趣旨は、子供たちに知・徳・体のバランスのとれた「生きる力」を育むことであり、その際には、全ての教科等の指導を通して、子供の発達の段階や特性等を踏まえながら、「知識及び技能」の習得、「思考力、判断力、表現力等」の育成、「学びに向かう力、人間性等」の涵養という資質・能力の三つの柱の育成をバランスよく実現できるよう留意して指導することが示されています。

このような動向の中で特別の教科　道徳（以下「道徳科」とする」）は、２０１８年度から全面実施を迎えました。道徳教育及び道徳科で育成する資質・能力は、それぞれの目標から「よりよく生きるための基盤となる道徳性」であると言えます。そこで改めて、道徳科の学習と資質・能力の三つの柱との関係について触れておくことにします。

「知識及び技能」の習得。それには、他の学習や生活の場面でも、活用できるような確かな知識として習得されるようにしていくことが重要です。これを道徳科の授業で置き換えると、道徳的諸価値の意義及びその大切さなどを理解することが当てはまります。特に道徳的価値の理解と言えば、人間としてよりよく生きる上で、道徳的価値は大切なことであるということの理解（価値理解）、価値理解だけではなく、道徳的価値は大切であってもなかなか実現することができないことの理解（人間理解）、道徳的価値を実現したり、実現できなかったりする場合の感じ方、考え方は多様であるということを前提とした理解（他者理解）であり、これらの理解をしっかり行っていくことが求められています。また、多面的・多角的に考えることは、物事を一面的に捉えるのではなく、様々な視点から物事を理解するということでもあります。

「思考力、判断力、表現力等」の育成。道徳科では、自己を見つめ、物事を（広い視野から）多面的・多角的に考え、自己の（人間としての）生き方についての考えを深めることが関わります。特に、一面的な見方から多面的・多角的な見方へと発展させ、例えば、道徳的価値に関わる問題に対する判断の根拠やそのときの心情を様々な視点から捉え、考えようとしていることや、自分と違う立場や感じ方、考え方を理解しようとしたり、複数の道徳的価値の対立が生じる場面においてとり得る行動を多面的・多角的に考えようとしたりするなど、このような学習を通して、子供一人一人が価値理解と同時に人間理解や他者理解を深め、さらに自分で考えを深め、判断し、表現する力を育むのです。「学びに向かう力、人間性等」の涵養。道徳科では、何と言っても道徳性を養うことが目標であり、人間性と大きく関わるものです。その道徳性を学校教育で行う道徳教育では、道徳的な判断力、心情、実践意欲と態度という様相で捉えており、これらを道徳科の授業でしっかりと育てていくことです。特に「涵養」という言葉には「時間をかけてゆっくり養い、育てる」という意味があります。一単位時間の道徳科では、子供が自分自身の問題として受け止め、自分との関わりで考えながら、小学校では自己の、中学校では人間としての生き方についての考えを深め、よりよい生き方を実現していくことができるよう継続的に指導していくことが必要です。

このように、全ての教科等で育成を目指している資質・能力を道徳科においても育成していくためには、教師が道徳科の目標に示されている学習活動「道徳的諸価値についての理解を基に、自己を見つめ、物事を（広い視野から）多面的・多角的に考え、自己の（人間としての）生き方についての考えを深める」をしっかりと受け止めて指導し、子供たちが主体的に学習を行っていくことが重要となります。これからの道徳科に求められること、それは「多様な価値観の、時に対立がある場合を含めて、誠実にそれらの価値に向き合い、道徳としての問題を考え続ける姿勢こそ道徳教育で養うべき基本的資質である」との答申を踏まえ、発達の段階に応じ、答えが一つではない道徳的な課題を一人一人の子供が自分自身の問題と捉え、向き合う「考える道徳」「議論する道徳」へと転換を図ることです。このような学習活動により、よりよく生きるための基盤となる道徳性を養うこと、その授業の質的転換の視点が「考え、議論する道徳」です。全ての教科等で言うならば、その授業改善の視点となる言葉が「主体的・対話的で深い学び」です。

主体的・対話的で深い学び

全ての教科等では、学習指導要領の趣旨を踏まえて、新しい時代に必要な資質・能力の育成を目指した授業改善を図っているところです。その指導改善の視点を表す言葉が「主体的・対話的で深い学び」であり、学習指導要領解説　総則編においてはそれぞれの学びの視点が次のように示されています。

○「主体的な学び」
学ぶことに興味や関心を持ち、自己のキャリア形成の方向性と関連付けながら、見通しをもって粘り強く取り組み、自己の学習活動を振り返って次につなげる「主体的な学び」が実現できているかという視点。
○「対話的な学び」
子供同士の協働、教職員や地域の人との対話、先哲の考え方を手掛かりに考えること等を通じ、自己の考えを広げ深める「対話的な学び」が実現できているかという視点。

○「深い学び」
習得・活用・探究という学びの過程の中で、各教科等の特質に応じた「見方・考え方」を働かせながら、知識を相互に関連付けてより深く理解したり、情報を精査して考えを形成したり、問題を見いだして解決策を考えたり、思いや考えを基に創造したりすることに向かう「深い学び」が実現できているかという視点。

道徳科においては「考え、議論する道徳」という言葉を用いて授業の質的転換を図ろうとしていますが、道徳科も他の教科等と同様に「主体的な学び」「対話的な学び」「深い学び」をキーワードとして求められる学習活動を追求することができます。

それぞれの学びを区別して一つの学習状況で例えることはなかなかできませんが、それでも道徳科の「主体的な学び」は、問題を自分事として捉え、自分自身との関わりで考えていくこと、「対話的な学び」は、子供同士が交流し、多面的・多角的に考えることなどと捉えることができます。

では、道徳科の「深い学び」とはどのような学習状況を言うのか。どの教科等でも「深い学び」をはっきりと捉えることは難しいと思います。そこで、各教科等では「深い学び」の鍵となる「見方・考え方」を示してイメージできるようにしています。この「見方・考え方」について学習指導要領　第1章　総則では、次のように説明されています。

（前略）……特に、各教科等において身に付けた知識及び技能を活用したり、思考力、判断力、表現力等や学びに向かう力、人間性等を発揮させたりして、学習の対象となる物事を捉え思考することにより、各教科等の特質に応じた物事を捉える視点や考え方（以下「見方・考え方」という。）が鍛えられていくことに留意し、児童が各教科等の特質に応じた見方・考え方を働かせながら、知識を相互に関連付けてより深く理解したり、情報を精査して考えを形成したり、問題を見いだして解決策を考えたり、思いや考えを基に創造したりすることに向かう過程を重視した学習の充実を図ること。

このような「見方・考え方」の定義から、道徳科の「見方・考え方」について、答申には次のように示されています。

様々な事象を、道徳的諸価値の理解を基に自己との関わりで（広い視野から）多面的・多角的に捉え、自己の（人間としての）生き方について考えること。

これは、道徳科の目標の中に示されている学習活動と同じと見ることができます。

（前略）……よりよく生きるための基盤となる道徳性を養うため、道徳的諸価値についての理解を基に、自己を見つめ、物事を（広い視野から）多面的・多角的に考え、自己の（人間としての）生き方についての考えを深める学習を通して、道徳的な判断力、心情、実践意欲と態度を育てる。
（※傍線は筆者による）

したがって、道徳科の目標に示されている学習をしっかりと行うことが「深い学び」のある授業と言うことができます。それは、道徳的諸価値について理解するためにも、「知識及び技能」の習得に結びつくような価値理解、他者理解、人間理解を基に自分との関わりで捉え、多面的・多角的に考えることを通して、子供一人一人が価値理解と同時に人間理解や他者理解を深め、さらに自分で考えを深め、診断し、表現する力を育んでいきます。

こうした道徳的価値の理解を基に、自己を見つめ、物事を（広い視野から）多面的・多角的に考えるという道徳的価値の自覚を深める過程において、道徳的価値を自分なりに発展させていくことへの思いや課題が培われるのです。その中で、自己や社会の未来に夢や希望がもてるようにすることが大切です。

このような「見方・考え方」の定義、そして「主体的・対話的で深い学び」の目指すところは資質・能力を育てることであり、道徳科で育てるものは、目標にも示されているように道徳性の諸様相である「道徳的な判断力、心情、実践意欲と態度」です。これらはよりよい行為に結びつく内面的資質です。つまり、道徳科の授業の「深い学び」とは、道徳科の内容項目を手掛かりとしながら、子供が自らの心の内を確かめ、その気持ちや考えをみんなで共有し、よりよい生き方につながる心の持ち様を一人一人が学んでいく時間であると捉えることができます。

02 GIGAスクール構想

PISA調査の結果とコロナ禍

２０１９年12月3日に、２０１８年に実施された国際学習到達度調査（ＰＩＳＡ）の結果が公表され、日本の数学的リテラシーや科学的リテラシーは世界でトップレベルに位置したものの、読解力はＯＥＣＤ37の加盟国で11位と、前回調査時の6位から大幅に順位を落としました。この読解力と言えば、一般的には文章を詳細に読み取る力だと思いがちですが、ＰＩＳＡ調査の読解力の定義は「自らの目標を達成し、自らの知識と可能性を発達させ、社会に参加するために、テキストを理解し、利用し、評価し、熟考し、取り組む力」とするものです。さらに衝撃的な事実として、日本の学校の授業（国語、数学、理科）における情報機器の利用時間が短く、ＯＥＣＤ加盟国中最下位という結果が明らかになりました。日本の子供たちは、遊びにはＩＣＴ機器を活用しているものの、学びにはＩＣＴ機器を活用していないということです。さらに読解力の調査結果の分析から、自由記述形式の問題において、自分の考えを根拠を示して説明することについては引き続き課題が見られました。その誤答を見ると、自分の考えを他者に伝わるように記述できず、問題文からの語句の引用のみで説明が不十分な解答となるなどの傾向が見られ、答えが一つではないものに対して答えを書くことが苦手な子供たちの課題が取り上げられています。

このような結果から、子供のうちからＩＣＴ機器の操作に慣れ、情報に秘められた真実を読み取る力、情報を吟味して先を見通す力などをしっかりと育てていくことが求められました。つまり、情報活用能力をしっかりと育てることが急務となり、ＰＩＳＡ調査の公表と同時に、２０１９年12月、ＧＩＧＡスクール構想が立ち上がったのです。これはGlobal and Innovation Gateway for All（全ての人にグローバルで革新的な入り口を）の頭文字をとった言葉であり、Society 5.0時代を生きる子供たちにふさわしい、誰一人取り残すことのない公正に個別最適化され、創造性を育む学びを実現するための、ＩＣＴ端末と学校における高速通信ネットワークを整備する国の施策です。

そのおよそ3か月後の2020年2月27日、新型コロナウイルスが世界中で猛威を奮い、その感染拡大が教育界にも大きな影響を与え、感染拡大防止に伴う学校の臨時休業要請が出されました。学校がいつ再開できるのか見通しも立たない状況の中で、学校や教育委員会等では、子供たちの安心と安全の確保とともに、学びを止めないようにするための絶え間ない努力がなされ、教育動画の作成やオンライン授業の試みが始まりました。ここで必要になったのがICT端末等の環境整備です。まだ始まったばかりのGIGAスクール構想ではありましたが、拍車がかかり、当初3か年の計画であった施策が1年半の前倒しとなり、子供たちへのICT端末の配付が行われました。同時にそれらを活用できる環境も急ピッチで整備されていきました。

このような予測をしていなかった状況が結果的にはGIGAスクール構想を加速化させたと言えるのですが、2018年のPISA調査の結果を踏まえた情報活用能力を育成するためのGIGAスクール構想の位置づけが薄れていったとも言えます。だからこそ、改めて情報活用能力をもう一度しっかりと捉える必要があります。

情報活用能力

学習指導要領　第1章　総則　第２の２の(1)には、学習の基盤となる資質・能力として次のように示されています。

> 各学校においては、児童（生徒）の発達の段階を考慮し、言語能力、情報活用能力（情報モラルを含む。）、問題発見・解決能力等の学習の基盤となる資質・能力を育成していくことができるよう、各教科等の特質を生かし、教科等横断的な視点から教育課程の編成を図るものとする。

特に情報活用能力については、学習指導要領解説　総則編　第３章第２節２の(1)のイにおいて次のように示しています。

> 情報活用能力は、世の中の様々な事象を情報とその結び付きとして捉え、情報及び

情報技術を適切かつ効果的に活用して、問題を発見・解決したり自分の考えを形成したりしていくために必要な資質・能力である。

この情報活用能力について、答申では次のように観点別に整理しています。

【知識及び技能】

情報と情報技術を活用した問題の発見・解決等の方法や、情報化の進展が社会の中で果たす役割や影響、情報に関する法・制度やマナー、個人が果たす役割や責任等について、情報の科学的な理解に裏打ちされた形で理解し、情報と情報技術を適切に活用するために必要な技能を身に付けていること。

【思考力、判断力、表現力等】

様々な事象を情報とその結びつきの視点から捉え、複数の情報を結びつけて新たな意味を見出す力や、問題の発見・解決等に向けて情報技術を適切かつ効果的に活用する力を身に付けていること。

【学びに向かう力、人間性等】

情報や情報技術を適切かつ効果的に活用して情報社会に主体的に参画し、その発展に寄与しようとする態度等を身に付けていること。

ＩＣＴ端末等の機器の活用は、目的ではなく手段であることは誰もが気づいていることです。しかし、その言葉に甘んじてしまうと、指導力の高い教師ほど活用しない傾向も見られるのではないでしょうか。先に取り上げたＰＩＳＡ調査の結果を真摯に受け止めれば、まずはＩＣＴ端末を子供たちが学習で活用することを目的として授業に取り入れていくことが必要不可欠です。この段階を経て試行錯誤することによって情報活用能力を育成し、真の手段としての目的を達成することが可能となります。

併せて、ＧＩＧＡスクール構想により、子供一人に一台のＩＣＴ端末が整備されると、子供が誤った方向に育つ危険性があることを知っておかなければなりません。ＳＮＳによる誹謗中傷によって人の生命を追い込んだり、いじめにつながる差別や偏見の書き込みをしてトラブルになったりする問題は後を絶ちません。インターネットでつながり、ＩＣＴ機器を積極的に活用して求める世界とは、一人一人が人と関わらずに安心して暮らせるようにすることではありません。

「鳥は空、魚は水の中で生活しているように、人間は、人と人との間、つまり、人間関係の中でしか生きられない」という「間柄的存在」を提唱した倫理学者、和辻哲郎氏の言葉があります。人間は他者と共に生きていくことが不可欠です。だからこそ、共に生きていくための感情交流が必要であり、人工知能には想定できない人間そのものの理解が必要です。インターネットでつながれ人工知能が社会にあふれると、人間としての機能が失われていく心配があります。人工知能に全てを委ねると、人間は調べたり考えたりすることを止めてしまいます。すると、ネット上の情報の波にのまれ、人工知能に操られる人間になってしまうのです。

ＩＣＴ端末を活用しながら情報活用能力を育成し、それを人間理解に生かしていくことができれば、それは道徳科の授業として大いに活用できる道具になります。特に前述した情報活用能力の「思考力、判断力、表現力等」の観点にある「様々な事象を情報とその結びつきの視点から捉え、複数の情報を結びつけて新たな意味を見出す力や、問題の発見・解決等に向けて情報技術を適切かつ効果的に活用する力を身に付けていること」の「情報」という言葉を「個人の価値観」や「道徳的価値」に置き換えてみれば、道徳科の授業におけるＩＣＴ端末の活用の工夫が見えてくるのではないでしょうか。

03 求められる道徳科の学習

道徳科の授業改善

２０３０年の世界を見据えてつくられた学習指導要領を基に、全ての教科等では、その資質・能力の育成を目指し授業改善を図っているところです。その視点となる言葉が「主体的・対話的で深い学び」です。実際の授業で考えてみると、切り離して考えられるものではなく、互いに関わり合いながら展開され、道徳科では、子供たちが考え、議論しながら自らの道徳性を養っていきます。特に、道徳科の指導においては、特定の道徳的価値を絶対的なものとして指導したり、本来実感を伴って理解すべき道徳的価値のよさや大切さを観念的理解させたりする学習に終始することのないように配慮しなければならないことから、子供の主体性がより一層重視されます。

小学校学習指導要領解説　特別の教科　道徳編　第4章第3節の3においても次のように示されています。

> 児童が自ら道徳性を養う中で、自らを振り返って成長を実感したり、これからの課題や目標を見付けたりすることができるよう工夫すること。その際、道徳性を養うことの意義について、児童自らが考え、理解し、主体的に学習に取り組むことができるようにすること。

また、道徳科の目標の中には、22ページに前述したように道徳科で目指すべき学習活動が示されています。この学習活動をしっかりと捉え、子供が主体的に道徳性を養うための指導を行うことが、これからの道徳科の授業では特に求められます。

この道徳科の目標に示された学習活動に着目すると、今求められている道徳科の「主体的・対話的で深い学び」「考え、議論する道徳」の姿が明らかになってきます。

問題意識をもつ

道徳科の学習指導過程には、特に決められた形式はありませんが、一般的には、導入・展開・終末の各段階を設定することが広く行われています。その導入においては、主題や教材の内容に興味や関心がもてるようにすることが大切ですが、主体的な学びの実現のためにも、本時の主題に対する問題意識をもって授業に臨むことが重要になります。

そのため、例えば、挨拶は大切であるとわかっていながらなぜできないのか、いじめはよくないとわかっていながらどうしてなくならないのかなどと子供の身近な生活上の問題や社会的問題などを取り上げて問題意識がもてるようにすることが考えられます。また、授業で使用する教科書等の教材との出会いから、その教材に描かれている問題を捉え、考えてみたい、話し合ってみたいという意欲がもてるようにすることも大切です。問題意識をもつことによって子供たちは意欲的に考え、主体的に話し合うことができるようになります。留意すべきこととしては、道徳科における問題とは道徳的価値に根差した問題であり、単なる日常生活の諸事象とは異なります。このことから、挨拶の仕方を学んだり、いじめの解決方法を考えたりするような学習では、道徳性を養うこととしている道徳科の特質を失うことになります。挨拶をする、いじめをしない、許さないという心の根拠となる道徳的価値の意義やその大切さについて、しっかりと学べるようにすることが大切であり、結果的にはこのように育んだ道徳性が、その問題にとどまらずに様々な場面においてよりよい行為が実践できることにつながるのです。

自分との関わりで考える

特別の教科化以前の道徳の時間の課題として、読み物教材の登場人物の心情理解のみに終始する指導が指摘されました。授業で学んだことが自分事ではなく他人事になることで、道徳の時間に学んだことがその後の道徳的行為の実践にまでなかなか結びつかないという課題です。そもそもそれまでの道徳の時間や特別の教科となった道徳科の授業においても道徳的行為を即求めるものではありませんが、他人事ではなく自分事として考えられるようにすることにより、授業で学んだことが今後の生き方に生かされるように意識して指導することが大切です。このような課題から、道徳科の授業では、「自我関与」という言葉が表すように、自分に関係があるものとして捉え、これまでの自分の経験やそのときの感じ方、考え方と照らし合わせながら、考えを深めることが強く求められます。

例えば、授業の導入・展開・終末において、日常生活の中で誰もが経験するようなことや学校での共通体験等を想起しながら考えを深めていくことができるようにします。また、本時のねらいとする道徳的価値について子供の実態を把握しておき、授業の中で意図的に指名して自分との関わりで考えられるようにすることもできます。さらに、教師から子供への発問の仕方として、読み物教材等の登場人物の気持ちに共感することにとどまらず、自分の経験から表現できるような問いかけを工夫することも効果的です。

このように、読み物教材の登場人物の心情理解のみに終始する、いわゆる「読み取り道徳」と指摘された指導の改善を図り、子供が自分との関わりで考えを深めていくための指導を工夫することが大切です。

多面的・多角的に考える

よりよく生きるための基盤となる道徳性を養うためには、子供が道徳的諸価値の意義及びその大切さを理解することが大切であり、このような学習を欠くことはできません。しかし、それは、教師が望ましいと思われることを言わせたり、書かせたりするような指導によって価値理解をさせることではありません。特定の道徳的価値を絶対的なものとして指導したり、本来実感を伴って理解すべき道徳的価値のよさや大切さを観念的に理解させたりする学習に終始することのないように留意しなければならないことは繰り返し述べてきました。道徳的価値の理解とは、内容項目に含まれる様々な道徳的価値を、人間としてよりよく生きる上で大切なことであると理解すること（価値理解）、道徳的価値は大切であってもなかなか実現することができない人間の弱さなども理解すること（人間理解）、道徳的価値を実現したり、実現できなかったりする場合の感じ方、考え方は一つではない、多様であるということを前提にして理解すること（他者理解）であり、子供が他者と対話したり協働したりしながら、多様な感じ方や考え方に接することで、物事を多面的・多角的に考えられるようにすることが大切です。そして、自分で考えを深め、判断し、表現する力などの資質・能力をも育むのです。

このような物事を多面的・多角的に考える学習では、特に、対話的な学びが求められます。例えば、ペアや小グループでの話し合い活動を取り入れ、交流することを通して子供同士の対話を促すことが考えられます。また、子供同士の対話だけではなく、教師との対話はもちろんのこと、保護者や地域住民、専門家等が道徳科の授業に参加することができれば、大人との対話も可能となります。さらには、教材を通して先人の考え方に触れ、道徳的価値の理解を深めたり、自己を見つめる学習につなげたりすることもできます。そのため、地域教材の開発や活用を行うという工夫も考えられます。

また、多面的・多角的な考え方を生かすためには言語活動の充実を図ることも不可欠です。学習指導要領解説　特別の教科　道徳編　第４章第３節の４においては、次のように示されています。

> 児童（生徒）が多様な感じ方や考え方に接する中で、考えを深め、判断し、表現する力などを育むことができるよう、自分の考えを基に話し合ったり（討論したり）書いたりするなどの言語活動を充実すること。（その際、様々な価値観について多面的・多角的な視点から振り返って考える機会を設けるとともに、生徒が多様な見方や考え方に接しながら、更に新しい見方や考え方を生み出していくことができるよう留意すること。）

例えば、教材の内容、登場人物の気持ちや行為の動機などを自分との関わりで考えます。友達の考えを聞いたり、自分の考えを伝えたり、話し合ったり、書いたりします。さらに、学校内外での様々な経験を通して感じ、考えたことを道徳科の学習で言葉を用いて表現します。こうした学習の中で言葉の能力が生かされるとともに道徳的価値の理解が一層深められます。道徳科ではこのような言語活動を生かして学習を展開することが、子供自身が考えを深め、判断し、表現する力なども育む上で極めて重要となります。

道徳科の授業では、一般的には読み物教材等を活用することが多く、子供たちは、その教材に登場する人物を通して気持ちを考えることが行われています。今後は、そのような視点だけにこだわることなく、例えば、教材に登場する様々な人物の立場で考えてみたり、登場人物を客観的に捉えて考えてみたりするなど、様々な面をもつ学習対象を様々な角度から考察して理解するように多面的・多角的に考えることも必要です。子供は、そのときの状況から感じたことや考えたことを発言していく中で自分の気持ちや考えを確かめていきます。その際、教師は同じもの、似ているもの、反対のものなどの子供たちの多面的・多角的な考えを黒板に整理していきますが、比べたりつなげたりしながら、その関係性を明らかにすることで、子供は自分の気持ちや考えの立ち位置を知り、自分や友達のよさや課題に気づくことができるようになります。このような多面的・多角的な考えを自己の生き方に生かしていくためにも、板書を構造的に整理することが求められます。

道徳科における対話的な学びは、多面的・多角的な考えを基に話し合った結果、何らかの合意形成を図ることが目的ではありません。子供が様々な相手との対話を通して、自分自身の道徳的価値の理解を広げたり深めたりすることが目的です。子供が将来、道徳的な選択や判断を求められる問題に対峙したときに、自分にとっても他者にとってもよりよい選択や判断ができるような資質・能力を養うのです。

自己の（人間としての）生き方についての考えを深める

道徳科の授業では、子供が問題意識をもち、道徳的価値を自分自身との関わりで多面的・多角的に考え、自己のあるいは人間としての生き方についての考えを深めること、また、各教科等で学んだこと、体験したことから道徳的価値に関して感じたことや考えたことを統合させ、自ら道徳性を養う中で、自らを振り返って成長を実感したり、これからの課題や目標を見つけたりすることが求められます。このような学習過程において、子供は道徳的価値に関わる事象を自分自身の問題として受け止め、他者の多様な感じ方や考え方に触れることで、身近な集団の中での自分の特徴を知るなど、伸ばしたい自己を深く見つめられるようになります。それとともにこれからの生き方の課題を捉え、それを自己の生き方として実現していこうとする思いや願いを深めることができるようになります。

そのためにも、例えば、授業の中では、子供がこれまでの生き方を振り返ったり、これからの生き方に希望をもったりできるような時間と空間をしっかりと確保することが必要です。特に、道徳科の場合には、自分の心と向き合い真剣に考える姿こそ、子供の主体的な学びと言えます。

また、授業だけでなく、年度当初に自分の有様やよりよく生きるための課題を考え、課題や目標を捉える学習を行ったり、学習の過程や成果などの記録を計画的にファイル等に集積（ポートフォリオ）したりすることにより、学習状況を自ら把握し振り返ることができるように工夫することが大切です。

ここまで、今求められる道徳科の学習について、その目標から整理してきました。こうした学習を経て子供が道徳性を養うことが可能となり、こうした学習をより効果的、効率的に行えるようにするために学習指導過程や指導方法の工夫があります。

04 令和の日本型学校教育

全ての子供たちの可能性を引き出す教育

２０１９年4月に文部科学大臣が「新しい時代の初等中等教育の在り方」について諮問を行い、その後審議が進められました。２０２１年1月26日、中央教育審議会答申において「急激に変化する時代の中で、我が国の学校教育には、一人一人の児童生徒が、自分のよさや可能性を認識するとともに、あらゆる他者を価値のある存在として尊重し、多様な人々と協働しながら様々な社会的変化を乗り越え、豊かな人生を切り拓き、持続可能な社会の創り手となることができるよう、その資質・能力を育成することが求められている」という、２０２０年代を通じて実現すべき学校教育として「令和の日本型学校教育」が示されました。

これからの教育の姿が「全ての子供たちの可能性を引き出す、個別最適な学びと、協働的な学びの実現」ととりまとめられたのです。しかし、これは、現行の学習指導要領の趣旨が変更されたわけではありません。なぜならば、この趣旨の内容は現行の学習指導要領の前文にも示されているからです。全ての教科等で育成する資質・能力は、生きて働く「知識、技能等」の習得、未知の状況にも対応できる「思考力、判断力、表現力等の育成」、学びを人生や社会に生かそうとする「学びに向かう力、人間性等の涵養」です。こうした資質・能力を育成するために、「どのように学ぶか」という授業改善の視点が「アクティブ・ラーニング」に始まり、今では「主体的・対話的で深い学び」としています。

特に道徳科では「考え、議論する道徳」を視点として授業の質的転換を図っているところです。この令和の日本型学校教育が描いている「全ての子供たちの可能性を引き出す、個別最適な学びと、協働的な学びの実現」と、GIGAスクール構想の「誰一人取り残すことのない公正に個別最適化され、創造性を育む学びを実現」をあわせれば、これまで以上に一人一人の子供のよさや可能性を生かした教育を行っていくことが強く求められていることが理解できます。

そして、それを実現させるためにも、ＩＣＴが学校教育を支える基盤的なツール（道具）となり、今「主体的・対話的で深い学び」と同様の新たな授業改善の視点のキーワードとして「個別最適な学び」と「協働的な学び」がクローズアップされています。

道徳科の授業で考えるならば、令和の日本型学校教育の実現を目指すことになっても、学習指導要領と同様に、その目標自体は変わるものではありません。道徳性を養うために必要な学習を、これまでは各教科等と同様に「主体的・対話的で深い学び」や道徳科特有の「考え、議論する道徳」という言葉を視点として授業改善や授業の質的転換を図ってきました。これからもこれらの言葉は今と同じように使われていきますが、令和の日本型学校教育を踏まえれば「個別最適な学び」と「協働的な学び」という言葉も積極的に授業改善の視点として使われていくことになります。その趣旨は、それぞれの教科等の特質を踏まえた授業改善と合わせて、一人一人の子供の可能性を引き出し、誰一人取り残すことのない教育を実現していくということです。

個別最適な学びと協働的な学び

道徳科の授業で考えてみると、その学習過程は、生活や生き方等についての個人や集団の問題意識から始まり、このような状況ではどのように感じたり、考えたりしているのかを、自分の気持ちや考えを伝え、他者の気持ちや考えを聞き、集団で話し合いながら、自分の価値観は正しいのか、正しくないのか、十分なのか、何か欠けているのかなどを確かめていきます。

その後、その問題を解決していくためにも、自分の価値観を改めて確認したり、他者の価値観を取り入れたりしながら、よりよい生き方とはどのようなものなのかを吟味して自分なりの答えを導き出し、自分のものにしていきます。つまり、道徳科の学習過程には、個→集団→個という流れがあり、これを踏まえれば、道徳科における「個別最適な学び」「協働的な学び」は、学習者の重要な視点になるものと言えます。

「個別最適な学び」とは、教師の視点から整理した概念である「個に応じた指導」を学習者の視点から整理した概念であり、「指導の個別化」と「学習の個性化」に分けて考えることができます。

「指導の個別化」とは、一定の目標を全ての子供たちが達成することを目指し、子供の特性や学習進度等に応じ、支援が必要な子供により重点的な指導を行うなど効果的な指導を行いながら、指導方法や教材等の柔軟な提供や設定をするなど一人一人が異なる方法で学習を進めることです。

一方、「学習の個性化」とは、子供の興味や関心等により一人一人に応じた学習活動や学習課題に取り組む機会を提供することで、子供自身が自分に適した学習の目標等を設定することです。指導の個別化では、基礎的・基本的な知識及び技能等を確実に習得させ、思考力、判断力、表現力等や、自ら学習を調整しながら粘り強く学習に取り組む態度等を育成することを目指すものであり、学習の個性化では、その基礎的・基本的な知識及び技能等や、言語能力、情報活用能力、問題発見・解決能力等の学習の基盤となる資質・能力等を土台として、子供自身が最適に学べるように調整していくことを目指します。

また、「協働的な学び」とは、探求的な学習や体験活動等を通じ、子供同士、あるいは、多様な他者と協働しながら、他者を価値ある存在として尊重し、様々な社会的変化を乗り越え、持続可能な社会の創り手となることができるよう、必要な資質・能力を育成するための学びであり、集団の中で個が埋没してしまうことのないよう、子供一人一人のよさや可能性を生かすことで異なる考え方が組み合わさり、よりよい学びを生み出すものとなります。

こうした学びを道徳科の授業に当てはめてみると、これまで熱心に道徳科の授業をされてきた方の多くは、すでに個別最適な学びや協働的な学びとなっていると感じたのではないでしょうか。道徳科の学習過程は前述したように、一般的には個→集団→個という流れがあり、その中で一人一人の子供たちが、道徳的諸価値についての理解を基に、自己をしっかりと見つめられるようにしたり、多面的・多角的に考えられるようにしたり、自己の生き方についての考えを深めることができるようにしたりするために、学習指導過程や指導方法の工夫をしてきたはずです。

さらに「指導の個別化」と「学習の個性化」をどのように受け止め、どのように生かしていくことができるのかを考えていけば、道徳科のさらなる授業改善、質的転換へとつなげていくことができます。そして、個別最適な学びの成果と協働的な学びを生かし、さらにその成果を個別最適な学びに還元するなど、個別最適な学びと協働的な学びを一体的に捉えることで、より学びが充実したものとなり、その成果が表れていきます。

ＩＣＴ端末活用の可能性

令和の日本型学校教育が打ち出される以前からも、道徳科の授業でＩＣＴ機器は活用されてきました。特に教師用の大型ディスプレイが活用され、道徳科の学習指導過程の導入の段階では、活用する教材に関わる画像や映像を映し出して子供たちが興味や関心をもてるようにしたり、ねらいとする道徳的価値に関わる子供たちの実態を事前に調査し、その結果をグラフ等で示して自分自身の問題として受け止められるようにしたりしてきました。また、展開では、教材の場面絵を表示しながら読み聞かせをすることで理解を深めたり、教師の発問の言葉や子供の考えを表示して、子供たちがさらに考えを深めるきっかけをつくったりしてきました。終末では、ねらいとする道徳的価値について、これまでの子供たちの生活の様子を映像等で振り返ったり、直接授業に参加することができない人からのメッセージを映し出したりして、授業で学んだ道徳的価値を自己の生き方として実現していこうとする思いや願いを深められるような工夫をしてきました。

その後、ＧＩＧＡスクール構想のもとに、子供一人一台のＩＣＴ端末が活用できる環境が整うと、道徳科においては、このＩＣＴ端末を活用した授業が積極的に行われるようになってきています。ＩＣＴ端末を活用し始めた当初は、活用自体に時間がかかってしまったり、活用する割には効果があまり感じられなかったりするような状況も見られましたが、試行錯誤を繰り返し、その段階を乗り越えると、ＩＣＴ端末の利点を生かした効果的な活用が行えるようなってきています。その活用は何よりも、今求められている道徳科の学習をより効果的、効率的に行うための手段として用いられることです。学習指導要領解説特別の教科　道徳編　第４章第２節の３(4)の道徳科に生かす指導方法の工夫には、次のように示されています。

> 　道徳科に生かす指導方法には多様なものがある。ねらいを達成するには、児童（生徒）の感性や知的な興味などに訴え、児童が問題意識をもち、主体的に考え、話し合うことができるように、ねらい、児童（生徒）の実態、教材や学習指導過程などに応じて、最も適切な指導方法を選択し、工夫して生かしていくことが必要である。
> 　そのためには、教師自らが多様な指導方法を理解したり、コンピュータを含む多様な機器の活用方法などを身に付けたりしておくとともに、児童（生徒）の発達の段階

などを捉え、指導方法を吟味した上で生かすことが重要である。

例えば、授業の導入において、子供が問題意識をもてるようにするためには道徳的価値に根差した問題を子供が自身自分の問題として受け止められるようにすることが大切です。そこで、道徳科の手掛かりとする内容項目やねらいとする道徳的価値に関わって、学級の子供たちの実態をグラフ化して示すなどもＩＣＴ機器を活用すると容易にできます。また、物事を多面的・多角的に考えるためには子供たちが多様な感じ方や考え方に接することが大切ですが、一人一人が自分の気持ちや考えをＩＣＴ端末に表現すると、その気持ちや考えは共有しやすく、それらを基にして話し合うことで、より広い視野に立ち、より深く考え、よりよく生きるための基盤となる道徳性を養うことができます。

こうしたきっかけをつくるものが教師の発問であることは言うまでもありませんが、これまでは、発問に対して挙手をして発言した子供の気持ちや考えは取り上げられたとしても、発言しない子供の気持ちや考えに触れることは難しいことでした。しかし、表現の場がＩＣＴ端末となると、表現しようとする子供の意識の高まりが感じられ、ＩＣＴ端末の様々な機能を活用すれば、一人一人の気持ちや考えを可視化したり、共有して全体の傾向を知ったりすることもできます。

また、学習指導要領解説　特別の教科　道徳編　第4章第3節の6(1)情報モラルに関する指導には、次のように示されています。

> 道徳科は道徳的価値に関わる学習を行う特質があることを踏まえた上で、指導に際しては、情報モラルに関わる題材を生かして話合いを深めたり、コンピュータによる疑似体験を授業の一部に取り入れたりするなど、創意ある多様な工夫が生み出されることが期待される。

道徳科においては、ねらいとする道徳的価値の理解の基に、自己の生き方についての考えを深め、道徳性を養うという特質を踏まえた上で、情報モラルと現代的な課題に関する指導として、こうした問題の解決に寄与する子供を育てていくことが期待されています。道徳科の質の高い多様な指導方法の工夫の例として、問題解決的な学習や道徳的行為に関する体験的な学習などが示されていますが、例えば、情報モラルに関する指導については、疑似体験を道道科の授業の一部に取り入れるなどの工夫が求められているところです。そこで、一人一台のＩＣＴ端末を活用すれば、子供同士が相手の顔が見えない字面だけの会話を体験してみたり、メールなどが相手に与える影響などを考えてみたりすることも容易に取り入れることができ、これまで以上に実感を伴いながら、心のすれ違いによる問題を自分事として受け止め、大切な心を自己の生き方に生かしていくことが可能となります。

道徳科で育てる道徳的な判断力、心情、実践意欲と態度は内面的資質であり、全教育活動の中では道徳的行為となって目に見える姿で表現されることはありますが、授業中ではなかなか捉えにくい心です。そこで、見えにくい心を色や大きさで視覚化して表現できるようなアプリケーションも開発されています。こうしたＩＣＴ端末の活用の

道徳科の授業におけるＩＣＴの効果的な活用

一般的な道徳科の学習指導過程におけるのＩＣＴ活用例

段階	学習の目的	主な学習活動	ICTの活用例
導入	・実態や問題を知る。	・道徳的価値について、問題意識をもつ。	・実態や問題の提示 （画像や映像、グラフ等）
展開	・教材を活用して、道徳的価値を理解し、よりよい生き方を考える。	・自分自身との関わりで考える。 ・多面的・多角的に考える。 ・自己の（人間としての）生き方についての考えを深める。	・教材の提示 （画像や映像等） ・自分の考えをもつ （ＩＣＴ端末に示す） ・他者の考えを知る （ＩＣＴ端末に共有する） （表やグラフ等） ・話し合う（直接的な対話） ・自己を見つめる （ＩＣＴ端末に蓄積する）
終末	・よりよい生き方の実現への思いや願いを深める。	・道徳的価値についての自己実現への意欲を高める。	・生活の様子の提示 （画像や映像等） ・外部の方の言葉の提示 （画像や映像等）

利点を生かすと、これまでにはなかなかできなかった誰一人取り残すことのない教育が実現し、子供一人一人のよさや可能性を引き出す授業が可能となります。これがＧＩＧＡスクール構想のもとでの「令和の日本型学校教育」として、道徳科の授業で目指すところになります。

ICT端末活用の配慮

道徳科におけるＩＣＴ端末の活用の長所の一つが、子供たちの気持ちや考えを共有しやすいということです。この機能が子供の多面的・多角的な考えを促すことに大いに役立つと言えます。しかし、何でも共有すればよいということではありません。これまでは自分の考えは発言しない限り自分の心にしまっておくことができました。その分、他者の考えを知ることも一部に限定されてきました。道徳科で求められている多面的・多角的な見方や考え方は、子供たちがよりよい生き方を模索していく上では大変重要な学習であり、その手段として、他者の多様な感じ方や考え方に触れるということは必要なことです。そこで、子供たちと考えを共有するに当たっては、例えば名前を伏せた方が本音を出しやすい場面もあると考えられます。また、共有するタイミングも工夫する必要があり、なかなか自分の考えがもてない子供にとっては他者の考えが参考になりますが、早い段階から共有すると、自分の考えより他者の考えに影響を受ける場合も少なくありません。

さらに、他者の多くの考えが共有されると子供たちは自分のＩＣＴ端末に釘づけになり、教室が静まりかえります。それ自体は決していけないことではありませんが、学びが孤立する傾向も見られます。一人一台のＩＣＴ端末を活用して一人一人に合った最適な学びを提供したり、子供たちが自由に学びを進められるようにしたりすることが望まれます。時折、子供たちの考えが共有されたことで満足してしまうことがあります。せっかく共有できたのであれば、教師はその後、意図的指名に役立てるだけでなく、子供自身が自分の考えと他者の考えを比較したときに、さらに詳しく聞いてみたいという考えを見つけることができれば、ＩＣＴ端末の活用が協働的な学びのきっかけとなっていきます。

「令和の日本型学校教育」には「実践とＩＣＴを最適に組み合せる」「ＩＣＴを活用すること自体が目的化しないように留意する」と示されています。全ての学習活動にＩＣＴを活用すればよいということではありません。自分の考えをもち、他者としっかりと向き合って話し合うことも大切なことです。膝と膝を突き合わせて話し合う、腹を割って話し合う、どちらも道徳科では大切な学習活動と言えます。

また、教師もＩＣＴ端末で全ての子供たちの考えが把握できるからといって、ＩＣＴ端末の画面にばかり目を向けていては、その教室にいる必要がなくなります。子供たちの表情を観察しながら言葉をかけることで、子供たちは安心して自分の気持ちや考えを表現したり、自信がもてたりするようになります。

ＩＣＴ端末の活用を含め、指導方法の工夫は全て、道徳科の授業で子供たちの道徳性を養うための手段です。今日の授業では「役割演技を取り入れよう」「グループでの話し合いを取り入れよう」「ＩＣＴ端末を活用しよう」と、本来手段であるはずの指導方法の工夫が授業の目的になってしまうことも少なくありません。そうなると教師主体の授業になっていきます。教師主導であったとしても授業は子供が主体です。

第2章

Society 5.0時代を生きる子供たちを育てるために

01 子供たちが生きていく未来を知る

AI時代の到来

ＡＩチャットの登場により、「ＡＩに読書感想文を書かせることができる」というようなニュースが、日本中に衝撃を与えました。まさに、ＡＩ時代がきたとも言えます。

変化の激しい時代とよく言われますが、それは今も昔も変わりありません。江戸時代から明治時代になったときも、１９４５年に戦争が終わったときも、当時の人々にとっては大きな変化であったでしょう。寺子屋から学制による教育へ、そして、日本国憲法下での教育へ。道徳では「道徳の時間」の特設、そして道徳教科化へと常に変化を遂げてきているのです。ただ言えることは、技術の進歩が格段に速くなっているということです。

変化に弱いのは大人です。自分の経験に固執してしまいがちなのです。特に学校というところはそうなのかもしれません。ICTの急速な発展にどう対応していくのか。子供やその家族はすでに日常的に使っています。幼稚園やこども園、保育所では、スマホアプリでの連絡や情報共有が当たり前のように行われています。企業では、飲食店でのタブレットでの注文も、スーパーやコンビニでのセルフレジも当たり前。このような変化は常にあり、改札が自動化され、ICカードになったことも今では当たり前の光景です。

ここで私が何を言いたいのかというと、新たな技術に右往左往して、使わない理由を探すのではなく、どう使うのか、生かすのかを考えるべきだということです。言い換えれば、大人の事情で子供がこうした技術を使って学ぶ機会を奪うべきではないということです。

端末の画面でうまく字が書けない子供もいるでしょう。だから紙なのではなく、どうしたら書けるようになるかを考えたいのです。実際にホテルのチェックインは端末が多くなりました。一時期、クレジットカードのサインもデジタルで署名していましたが、暗証番号を入れたり、タッチ決済したりするように変化し、そもそもサインもしなくなりました。指紋認証や虹彩認証も進むでしょう。そういう未来で子供たちは生きていくのです。まず私たちが未来を知ることが、未来を生きる子供たちを育てるためには必要なのです。

人口減少の国　日本

我が国の人口減少は、すでに始まっています。省人化のためにAIやICTを活用し、この難局を乗り越えるための動きもすでに始まっています。前述のセルフレジなどもそうです。パーソル総合研究所の「労働市場の未来推計　2030」（2018）によると、2030年、人手は644万人不足するとされています。サービス産業では400万人不足、医療や福祉業界では187万人不足、教育業界は28万人不足するという推計です。学校はブラックで残業も多く、教員不足というニュースも見ますが、そもそも学校だけ人がたりているということは考えられないのです。教員が不足する＝教員を増やすという思考になりがちですが、他業種は、少ない人数でどう回すのかという局面にあるわけです。これは家庭でも同様で、限られた時間を有効に使うために「全自動洗濯機」や「掃除ロボット」「アレクサ」やそれに対応したAI家電などを使うのは当たり前なのです。忙しい学校でも、こうした新たな技術を使うことは悪ではありません。むしろ子供たちにとっては、ICT機器を使うことは今後必須であり、その活用法を身につけることが重要なのです。

もしかすると…一教室につき一人の先生がいるという時代も変わるかもしれません。中学校では、各校に専門の教科の先生がいるのではなく、拠点校方式になって先生が巡回してきたり、別の学校からのオンライン授業やＡＲ・ＶＲ授業になったりするかもしれないのです。もっと言うと…基本的には家庭で学び、自動運転バスで週に何度かどこかの学校に集まってスクーリングをする学びという時代がくるかもしれないのです。「そんなことができるのか？」と思いますよね。「多くの企業がまだ会社に集まっているではないか！」という意見もあるでしょう。しかし「それは10年後も20年後もそうなのか？」「子供たちが生きていく未来が変わらないと思っているのか？」と問いたいわけです。

私は、今の教育の仕組みがだめだとか嫌だなどとは言っていません。むしろ大好きです。自分で全ての教科等を教えたいですし、生活を共にする学級担任がする道徳科も大好きでした。私が勤務してきた学校には専科教員もおらず、学級経営を存分に楽しんできました。そして、お互いの得意を生かして、教科等を分担しながら指導をするのもいいなぁと思い学年主任になると、担任二人で２クラスの子供たちを見ようと学年経営を楽しみました。道徳も対面やオンラインでいろいろな人と学ぶというよさがあるのかもしれません。この先どんな変化があるのかは、不安でもあり楽しみでもあるわけです。

02 生き方を考える道徳

未来を拓く子を育てる

道徳科は、「内容項目」を教える時間ではありません。学習指導要領解説では、「学習指導要領第3章の『第2　内容』は、教師と児童が人間としてのよりよい生き方を求め、共に考え、共に語り合い、その実行に努めるための共通の課題である」とされています。つまり、内容項目は「共に考え、共に語り合う共通の窓口」であり、その窓口から「生き方を考える」学習であると言えるわけです。

生成ＡＩやＩｏＴが身近な存在となり、いよいよSociety 5.0時代に突入したと言ってもよいでしょう。これは、蒸気機関による産業革命以上の社会の変化をもたらすかもしれないと言われることもあります。

新たな社会になるということは、新たな文化が生まれることを意味します。これまでの生活も一変し、新たな価値観が生まれてくるわけです。すると、「幸せ」の意味も変わってくるのかもしれません。例えば、モノを消費する時代からコトを消費する時代になったと言われることもありますが、モノを多くもつことが豊かなのではなく、多くの経験をするコトが豊かであるというように考える人も増えているわけです。また、大量生産大量消費の時代が終わり、多くのモノをもつことよりも、手づくりの一点ものに価値を見出したり、ＳＤＧｓを意識した環境にやさしいモノなどに価値を見出したりするなど、これまで以上に新たな価値観が広まっていくのかもしれません。

こういう社会の変化の中では、「内容項目を教える」学習ではなく、「内容項目を通して」考える学習を展開することが必要なのです。そして、共に考え、共に語り合うという協働的な学びを通して、「新たな価値を創造する」ことが求められているのです。

このような質的転換は「コンテンツベースの学びからコンピテンシーベースの学びへ」「引率型授業から伴走型学習へ」「伝達型から創造型へ」などと表すことができます。これらについて次項以降で解説していきます。

求められている学習活動

学習指導要領解説には「**道徳的価値について自分との関わりも含めて理解し、それに基づいて内省し、多面的・多角的に考え、判断する能力、道徳的心情、道徳的行為を行うための意欲や態度を育てるという趣旨を明確化するため、（中略）学習活動を具体化して『道徳的諸価値についての理解を基に、自己を見つめ、物事を多面的・多角的に考え、自己の生き方についての考えを深める学習』と改めた**」という記述があります。この文章は、次のような構造となっています。

道徳的諸価値についての理解を基に、
↓ 自己を見つめ、
↓ 物事を多面的・多角的に考え
↓
自己の生き方についての考えを深める学習

また注目すべきは学習指導要領でよく出てくる「とともに」という言葉ではなく、「基に」となっていることです。「道徳的価値について理解するとともに」ではないのです。

道徳的諸価値について理解するとともに、
＝　並列関係
自己の生き方についての考えを深める学習
自己を見つめ、
物事を多面的・多角的に考え

もし、このような記述であれば、道徳的諸価値を理解する学習と自己の生き方について考える学習が並列関係になるわけですが、実際にはこうなっていないのです。

このことからも「道徳的諸価値の理解」は「自己の生き方についての考えを深める」ためのものであることがわかります。「どのように生きたいのか」これを考えることが道徳科で求められているのです。その土台としての道徳的諸価値の理解があります。

これは、道徳科を授業する教師自身が「どうありたいのか」と考えることでもあります。自分の指導をしなやかに変化させていけるのかどうかということです。不易という言葉を「変化したくない理由」にするのではなく、流行の中で改めて大切にしたい「不易」を見出しながら、子供と共によりよく生きるための生き方を見つめる道徳科を創造していくことが求められているのかもしれません。

03 コンテンツベースからコンピテンシーベースへ

自走できる子供を育てる

変化が激しい時代にあっては、考えたことが通用しなくなり、常に更新していくことが必要です。生成ＡＩの登場もその一例です。そのためには、自ら考えや価値観を更新していけるように自走する子供を育てる必要があります。だからこそ、何を教えるかというコンテンツベースの授業から、どのように学ぶかというコンピテンシーベースの学習へと転換が求められているわけです。例えば、自分自身との関わりの中で深めていくという学び方ができるようにするためには、どのような指導が必要となるのでしょうか。

それは、発達の段階とも関わりますが、例えば次のような学び方が考えられます。

・今まで自分にも同じようなことがあったかな？（経験と重ねる）
・もし自分だったらどうかな？（状況を重ねる）
・これからどうしていきたいかな？（自分の理想、将来と重ねる）

このような「自分とのかかわり」という視点で考えることができるようになっていくと、例えばニュース報道を見たときにも、「へー」と他人事ではなく、それを教訓にしたり、自分の生き方に生かしたりすることができるようになっていくのです。

例えば、交通事故のニュースを見て、「どうしてこんな事故が起きてしまったのだろうか」と問いをもったり、「自分も気をつけよう」と意識したりできる。戦争のニュースを見て、平和に感謝したり、「争いが起きない世界にするためにはどんなことが必要なのか」と問いを見出したりできるというように自分のよりよい生き方を考えられる力をつけていきたいのです。先生に問われて初めて考えるのではなく、「自ら課題を見つけ、自ら学び、自ら考え、自ら判断して行動し、よりよい社会や人生を切り拓いていく力」を子供たちが身につけていくことを改めて意識していきたいのです。

道徳科の学び方の視点

道徳科でどのように学ぶか。これは、指導と評価の一体化の観点から、評価することの裏返しで考えることができます。

道徳科では、次のような点から評価を重視しています。

> 一面的な見方から多面的・多角的な見方へと発展しているか
> 道徳的価値の理解を自分自身との関わりの中で深めているか

前項で触れたように「自分自身との関わりの中で深めていく」ための学び方も大切です。また、「一面的な見方から多面的・多角的な見方へと発展」するような学び方を指導していく必要もあるのです。

では、どのような指導が考えられるのでしょうか。子供は、いきなり多面的・多角的に考えられるようにはなりません。ですから、例えば、小学校1年生では、このような指導からスタートするのかもしれません。

・友達の考えに興味をもつ
・友達の考えを聞く楽しさを味わう
・友達の話を最後まで聞けるようになる
・友達の考えを聞いて、反応できるようになる（内容をつかむ）
・友達の考えと自分の考えを比べられる（「似ています」「つけたします」）

このようなスモールステップを積み重ねることで、多面的・多角的な見方ができるようになっていくのです。

道徳科の手立ての一つに「役割演技」があります。これはもしかすると「友達の考えを聞く楽しさを味わう」という意味で有効かもしれません。また、「自分だったら……」と自分と重ねるという意味でも有効な手立てとなりうるのです。役割演技で何を語るかという内容（コンテンツ）にどうしても目がいきがちですが、私たちが取り組んできていることまで積み重ねてきた実践をコンピテンシーベースで捉え直すと、こうした意味も見出すことができるのです。また、ＩＣＴを活用することで、さらにこうした学びを生み出しやすくなるとも言われています。これについては、次章以降で解説していきます。

04 AI時代と道徳性

技術の光と影

生成ＡＩなどの技術の進歩はめざましく、その技術をどのように使うべきなのかという議論を待たずして、生活の中に入ってきています。こうした技術は、使いようによっては影の部分があるということに子供たち自身が目を向けられるようにしていくことが求められます。

２０２３年3月に、生成ＡＩ（ChatGPT）をどのように学びに生かすのかということについて公立A小学校の6年生と考えた実践をご紹介します。なお、子供は規約上使えないということも伝え、その理由についても考えた実践です。

学習の大まかな流れ

1　道徳科の学習の目的を確認する
「道徳科は生き方について考える学習」

2　身の回りにあるものから，
AIのイメージを共有する

3　学習のテーマ「友達」について考える
①自分たちで考え議論
②その後，教師がAIチャットで質問
③回答を子供たちと見てAIに追加質問

揺さぶりの発問
「AIが教えてくれるなら，
もう話し合わなくてもよいのでは？」

4　AIをどう学びに生かすとよいかを考える

5　AIチャットは子供は使えない
というルールになっている理由を考える

6　学習の振り返り（学習後アンケート）

子供にとって身近な「友達」というテーマについて、ＡＩが回答する様子を見せた上で、「ＡＩが教えてくれるなら、もう話し合わなくてもよいのでは？」と揺さぶりをかけたところ、子供たちは「ＡＩが正しいとは限らないし、友達についての意見はみんな違うはずだ！」と口々に言い出しました。そこで全員の意見を共有するために端末を使いました。

下記は、そのときに「ＡＩをどう学びに生かすのか」について書いてある子供が書いた意見です。ＡＩがこう言っているという一つの考えで個性を殺すのではなく、みんなの考えがバラバラであるからこそ豊かである。ＡＩに頼りきるのではなく、一つの意見として受け入れていけばよいという考えです。

ＡＩの登場で右往左往する大人顔負けの意見を子供たちはもっています。変化の中で生きていくということを、私は子供たちから教えてもらった気がします。

自分はちょっと使う。なぜなら，それぞれの考え方がある。それはその人の個性なのだと思う。その個性をＡＩの決まった一つの考えで殺しちゃうと，みんなの考えが一つになっちゃって，豊かにならない。これが正解！っていうふうにＡＩを使うんじゃなくて，一つの意見として見るのが大切だと思う。人生の全てが幸より，少しは苦があった方が，未来につながると思う。少ない苦が経験になって，試行錯誤して，よりよい方向に進もうとするから，全てＡＩも，頼らないもやめて，少しだけ一つの意見として受け入れればいいと思う。

下記に示したものは、さらに議論を続けて「AI（ChatGPT）を子供は使えないようなルールにしている理由について」を考えた際の子供の考えです。

初めてAIチャットを目の当たりにして、どうつきあうのか、なぜ子供は禁止なのかについて大人と対等に議論することを通して、よりよい生き方をしようとする子供の姿が見えてきました。

大人だけで、禁止するとかしないとか、どうするかを決め、しまいにはその理由もあいまいなまま押しつけると、子供たちから思考のチャンスを奪い、こうした判断をすることができなくなるのです。

教師（大人）も子供も共に考えながら、これからも登場するであろう新たな技術とどうつきあうのかを考えたいものです。

こうした、新たな変化はこの先もおきます。その時々に自分との関わりで考えられる子供を育てたいですね。その土台となる道徳的諸価値の理解も大切です。

AI は事実を直接的に伝えてくれる。
しかし，人間が AI の知識をどんどん鵜呑みにしてしまうと，人間に必要な「思考力，表現力」などを鍛えることができない。
子供のうちに「思考力，表現力」を鍛えさせるためだと思う。

05 多文化共生社会で生きる子供

人口減少の中で多文化共生社会を創る

インバウンドにより、訪日外国人がとても増えています。

さらに、人口減少社会において、外国人と共に生活し、関わりが増えていくことは間違いありません。これからの社会を生きていく子供たちにとって、多文化共生社会を創っていくという意識をもつことはとても重要です。これまでの一つの教室の中だけでの議論は、社会では通用しなくなっていきます。価値観があまりに多様だからです。

例えば、「電車の中では静かにする」ということは、多くの日本人にとって当たり前かもしれません。しかし、諸外国から来た人にとって、それは不思議な現象となる場合があるのです。このような明文化されていないマナーは多くあります。そして、そのマナーを守るべきという一定の常識が保たれてきたこれまでの日本社会は、いま変わらなければならないのかもしれません（これがよいかどうかは別として）。

明文化されていない以上、「電車でも楽しく会話をして過ごす」というのが当たり前の文化の人には、そのマナーは通用しないわけです。そこで、「外国人はマナーが悪い！」と対立しても何も生み出しません。こういうときに、「注意をする」のか、「いろいろな人がいるよな」と受け入れるのか、もしくは「日本の電車では静かにするように」という規則をつくっていくのか。外国から来た人々とどのように共生していくのか、まさに生き方を考えていくことが多くなっていくわけです。こうしたことは、外国人に限らず、日本人同士でも価値観の違いとして表れるわけです。一人一人のウェルビーイング、社会のウェルビーイングを創り出す。そのような生き方を考える道徳科が求められていくのです。

多文化共生社会に向けた協働的な学びの意味

自分の考えるウェルビーイングが、必ずしも他の人のウェルビーイングと合致するとは限りません。互いを尊重しながら、お互いに妥協できるポイントを対話を通して見つけていくことが大切になります。そういう折り合いをつける練習として「協働的な学び」がある、という捉え方もできます。

協働的な学びにおいては、単に意見交換をするというレベルではなく、「相手を尊重して、建設的に話し合う」という姿勢も求められます。だからこそ、物事を多面的・多角的に見て考えることができるようになっていくのです。こうした力をつけていくことを意識した授業づくりが重要です。これがコンピテンシーベースの授業づくりです。

「電車で静かにすべきなのはどうしてか」「電車でうるさい人がいたら注意するか」というようなテーマで、節度、節制、規則の尊重、公共のマナー、自由と責任というような内容を伝えようとするコンテンツベースの授業ではなく、こうしたテーマについて考えていくためにはどうしたらよいのかという視点で授業を構築していくのです。

「『電車で大声でしゃべっている人』は、どうしてしゃべっているのでしょうか？」と問うと、多くの子供は、「周りを考えていない人」「わがまま」「マナーを守っていない人」というような意見を出します。これは一見いろいろな意見のように見えますが、多面的・多角的に見ているとは必ずしも言えないのです。

「大声でしゃべっている人」＝「ダメな人」というのは一面的な見方であり、「もしかするとそのマナーを知らないのではないか」「話すのが当たり前の国から来たのかもしれない」「話してもいいという人と過ごしてきたから、その人にとっては当たり前なのかも」と多様な人がいることを推し量るなど、より一層多面的・多角的な見方をできるようにしていくことが、これからの道徳科では求められるのではないでしょうか。

我が国でこれまで大切にされてきたことを変えるべきという話ではありません。日本らしさ、これまでの文化や常識、マナーやモラルはもちろん大切です。その一方で、社会の変化にともない社会の常識は常に変わっていくという現実も受け止めなければなりません。まさにみんなで「生き方を考える」ときがきているわけです。

過去に執着するのではなく、未来志向で考える。そのときに、日本らしさとは何か、みんなの幸せは何か、自分はどうあるべきか、自分はどうありたいか、そんなことを考えられるような人を育てていくことが、変化の激しい時代をたくましく生きるためには必要なのだと考えます。他人事ではなく、主体的に社会に参画するという意識も大切になりそうです。そういう意味で、何を大切にして生きていきたいのかという「道徳的諸価値についての理解を基に」という部分が、大事になってくるのではないでしょうか。

06 ウェルビーイングと道徳科

ウェルビーイングとは？

「次期教育振興基本計画について（答申）」（令和5年3月8日）では、次期計画のコンセプトとして、「日本社会に根差したウェルビーイング」があげられています。具体的には、

・多様な個人それぞれの幸せや生きがいを感じるとともに、地域や社会が幸せや豊かさを感じられるものとなるための教育の在り方
・幸福感、学校や地域でのつながり、利他性、協働性、自己肯定感、自己実現等が含まれ、協調的要素と獲得的要素を調和的・一体的に育む

・日本発の調和と協調（Balance and Harmony）に基づくウェルビーイングを発信と整理されています。

なお、ウェルビーイングは、「身体的・精神的・社会的に良い状態にあること。短期的な幸福のみならず、生きがいや人生の意義などの将来にわたる持続的な幸福を含む概念」と説明されています。

道徳科は、「生き方」の学習であり、このウェルビーイングという概念は、生き方と強く関わる概念と言えます。

そのため、道徳科においても、これを意識した実践が求められるようになってくるのは言うまでもありません。

今の幸せだけではなく、将来の幸せ、周囲の他者の幸せ、社会・地域の幸せを考えるためには多面的・多角的な視野が必要です。

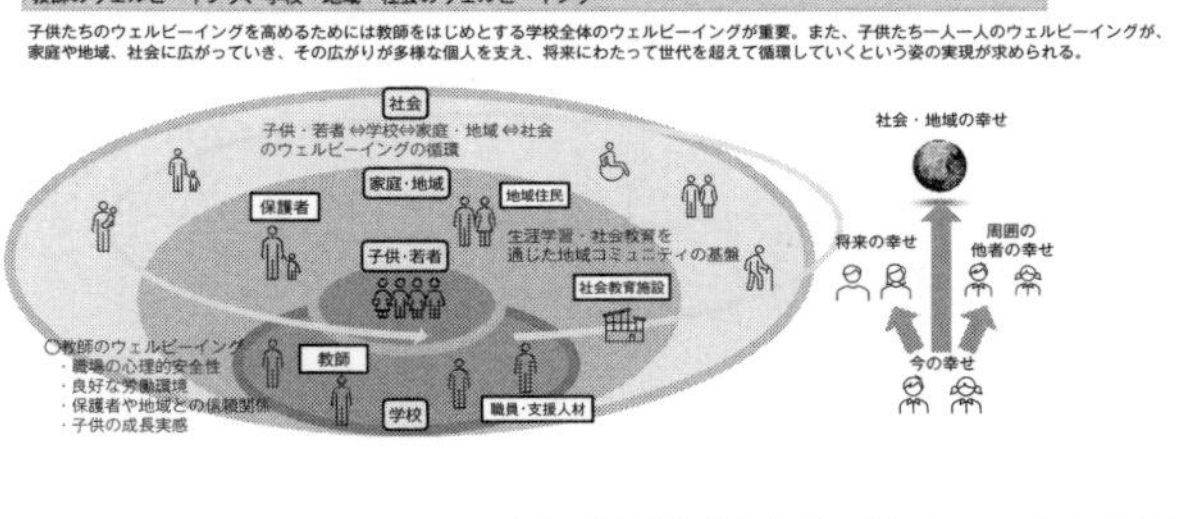

出典：「次期教育振興基本計画について（答申）」

多様な個人それぞれの幸せや生きがい

「周りを見てごらん、みんなはどうしている?」という言葉、協調性や集団づくりのために私も言うときがありました。もちろん、そういう必要があるときもありますが、その副作用もあります。同調圧力という言葉もあり、「個性的」という言葉によい印象をもつ子供もいる一方で、悪いイメージをもつ子供もいます。みんなと違うと言われるのが嫌なのかもしれません。同調圧力と呼ばれる空気で、同じであることがよいことという意識をもってしまうのです。道徳教育は日々行われています。学校における各教科等の時間はもちろん、放課後も、家庭でも時と場所を問わず行われているわけです。そして、道徳科は「補充、深化、統合」という役割をもっていると説明することができます。

日常で、多様性が認められていなければ、道徳科の授業のみで語っても意味はありません。その反対に、道徳科の授業でどれだけ理想を語ろうと、日常の指導で正反対のことをしていては、やはり意味はありません。私たちは、まず教室を「多様な個人それぞれの幸せや生きがい」を感じられるような空間にする必要があるのです。

下図は、内閣府の総合科学技術・イノベーション会議が出した「Society 5.0の実現に向けた教育・人材育成に関する政策パッケージ」（2022年6月2日）の「認識すべき教室の中にある多様性・子供目線の重要性」という項目で示された図です。この中で「さらには、一斉授業スタイルでは、一定の学力層に焦点を当てざるを得ず、結果として、いわゆる『浮きこぼれ』『落ちこぼれ』双方を救えていない現状。また、困難を抱えていても、一見困難に直面しているように見えず見過ごされてしまう場合がある。このように、子供たちが多様化する中で、教師一人による紙ベースの一斉授業スタイルは限界に来ている」と指摘されています。

多様な子供がいるという大前提をまず受け止め、その上でウェルビーイングを考えていく。ＩＣＴをうまく活用しながら誰一人取り残さない授業が道徳はもちろん、どの教科等においても求められるのです。

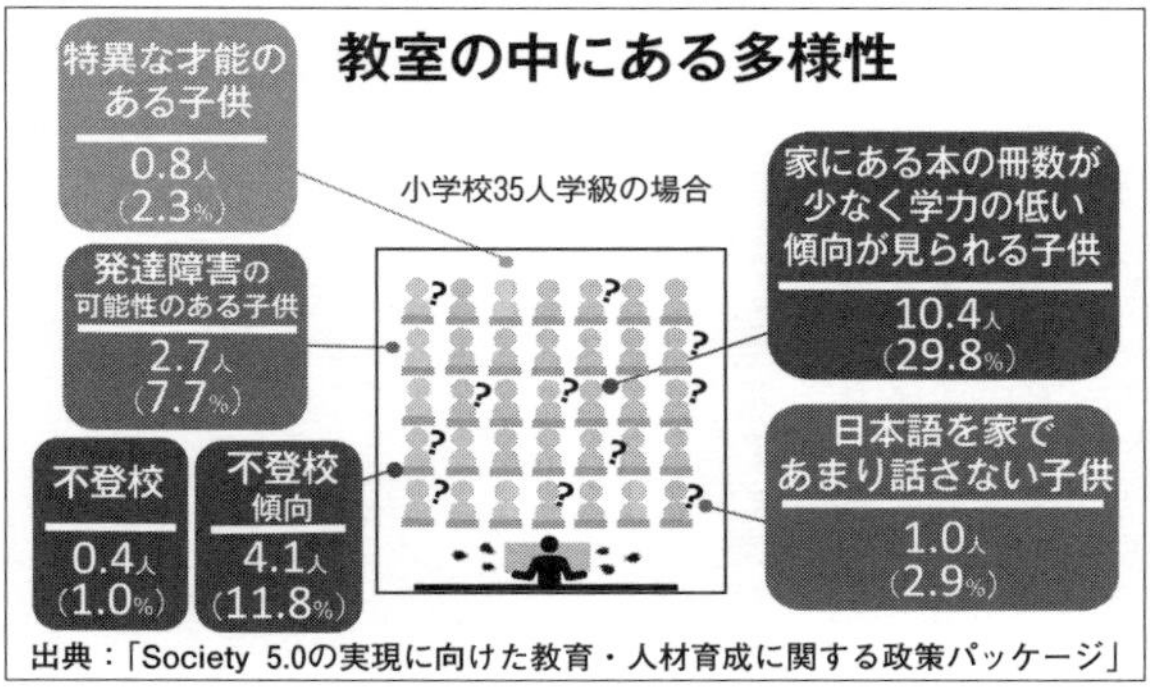
教室の中にある多様性
小学校35人学級の場合
特異な才能のある子供
0.8人（2.3%）
発達障害の可能性のある子供
2.7人（7.7%）
不登校
0.4人（1.0%）
不登校傾向
4.1人（11.8%）
家にある本の冊数が少なく学力の低い傾向が見られる子供
10.4人（29.8%）
日本語を家であまり話さない子供
1.0人（2.9%）
出典：「Society 5.0の実現に向けた教育・人材育成に関する政策パッケージ」

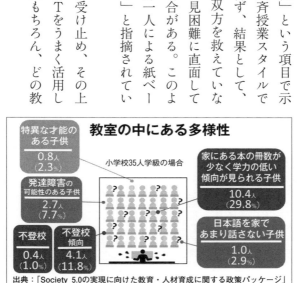

07 引率から伴走へ・伝達から創造へ

伝達型道徳学習から伴走型道徳学習へ

　こうした時代の変化に対応していくためには、自らを更新できることが重要です。それは、子供だけではなく、教師を含め、大人にも言えます。解説の「よりよい生き方を求め、共に考え、共に語り合い、その実行に努める」という部分からも、そのことがわかります。教師が知っていることを伝える伝達型学習では、今後の変化に対応できないのです。

　例えば、「バスの中では、お年寄りや体の不自由な人に席を譲るといいよね」という内容を伝えたいとしましょう。そんなことは、そもそも道徳科の授業で言われなくても多くの子供が知っている（頭ではわかっている）のですが、百歩譲って、それを話し合い、

「相手の気持ちを考えて、譲れるようになりたい」というような意見を引き出したとしましょう。でも、実際にはなかなかできません。これまでの学習でも、「言い出す勇気がないから」という理由で弱さに目を向ける子供がいました。「でも、弱さを乗り越えて、できるようになりたい」というあたたかな思いを高めてきたわけです。これは間違いではありません。しかし、今では、「イヤホンをつけてスマホを見ているから、そもそも気づかない」ということが多いわけです。別に親切にしたくないわけではありません。ですが、バスでの過ごし方が変わったことにより、状況は一変しているわけです。この状況で「困っている人が来るかもしれないから、バスではスマホを触りません」というようなことは絶対に起きないのです。

教師が一定の先行した経験やある種の答えを持ち合わせていることを伝える「伝達型学習」では対応できないことが、これから先どんどん増えていくでしょう。社会が変わるということはそういうことなのです。さらに、子供たちの生活の方が、社会の変化に柔軟に対応していくのは当たり前で、そうした生活の変化を受け入れた指導をしなければ、ただの絵にかいた餅のような学習に陥ってしまうのです。しかし、これは、社会の変化に対応する指導ができないということではありません。こういう時代だからこそ、共に考える

「伴走型学習」へと指導観を変えていくことが学習指導要領解説でも求められているのです。内容項目は、そのための考える窓口です。

教師自身がしなやかに変化できる生き方をできるのか、まさに生き方を考えることが大切になってきます。それは、何でも流行に乗ればよいという話ではなく、何を大事にしたいのかを改めて考えるチャンスと捉えるとよいでしょう。

そのときに大切なのは他者との対話です。子供たちと、校内の先生たちと、SNSでつながっている人たちと多様な対話を通して、自らの生き方を考えていける。ここに、協働的な学びを感じることができます。こうした営みを通して、教師の指導観、子供観などを更新していくことで、伴走型の授業ができるようになっていくことでしょう。それと同時に、伝達型から創造型へと授業の内容も変化していくのです。そのための学びの手段は、人それぞれです。これは、教師の個別最適な学びと言えます。職場内でのコミュニケーションが得意な人もいれば、SNSやオンラインで学ぶ人、書籍から学ぶ人、対面のセミナーで学ぶ人と多様なのです。いずれにせよ、それぞれに適した方法で自らを更新していくこと、教師自身が変わっていくことが求められますし、周りの先生とも伴走することが大切なのです。ただし、フィルターバブルやエコーチェンバーには十分に留意しましょう。

08 学校、家庭、地域と共に進める道徳教育

文化の種をまく学校

道徳教育は学校だけで行えるものではありません。家庭や地域での教育が一体となって子供たちの心を育てていくことが重要です。これから子供たちが過ごしていく未来がどのような世界なのか、今後、どのような力が求められるのか、これを家庭や地域に発信していくことで、どのような子供を育てていけばよいのかということについて共通理解を図っていくことが大切です。そのためには、これまでも何度も述べていますが、まず教師が未来を知ることが必要です。

多忙な中で、教師が一から調べる必要はありません。こうした社会背景の中で、どのよ

うな教育が求められているのかについては、学習指導要領や答申等に示されています。このことからも、学習指導要領の趣旨をしっかりと理解することが大切です。

学習指導要領の改訂の際には、内容がどのように変わったかということに注意が向きがちですが、改訂の趣旨や総則なども含めてしっかりと理解することが大切です。

今回の学習指導要領の改訂に込められた思いは、文部科学省のホームページに以下のように示されています。特に最後の「多くの方々と共有しながら、子供たちの学びを社会全

改訂に込められた思い

学校で学んだことが，子供たちの「生きる力」となって，明日に，そしてその先の人生につながってほしい。
これからの社会が，どんなに変化して予測困難な時代になっても，自ら課題を見付け，自ら学び，自ら考え，判断して行動し，それぞれに思い描く幸せを実現してほしい。

そして，明るい未来を，共に創っていきたい。

「学習指導要領」には，そうした願いが込められています。

これまで大切にされてきた，子供たちに「生きる力」を育む，という目標は，これからも変わることはありません。
一方で，社会の変化を見据え，新たな学びへと進化を目指します。

生きる力 学びの，その先へ

「学習指導要領」の内容を，多くの方々と共有しながら，子供たちの学びを社会全体で応援していきたいと考えています。

体で応援していきたいと考えています」という記述からも、「学校、家庭、地域」が共に進める道徳教育の重要性がわかります。

学校における道徳教育を広く発信・共有

学校で子供たちがどのような道徳の学びをしているのか。これを家庭や地域に広く発信することがとても大切です。学校公開日や参観日などで、実際に子供たちが道徳を学んでいる姿を直接見ていただくのが、何より一番よい方法です。さらに、ＩＣＴ機器をうまく活用することで従来の紙の通信よりも、より速くより広く情報を発信することができるようになります。例えば、ホームページなどで学習の様子を発信するのも一つの方法です。子供たちの様子や考えだけでなく、授業のねらいや授業に込めた思い、板書なども同時に発信することで、家庭や地域の理解もより一層広がります。双方向性を生かし、地域の大人の意見を子供たちに伝えることもできます。

カリキュラム・マネジメントや社会に開かれた教育課程という観点から考えると、ゲストティーチャーや地域の題材などを生かす道徳学習の展開も考えられます。こうした取り組みを広げていくことで、学校での取り組みが家庭や地域と共有され、共に育てる道徳教育が実現するのです。

学校、家庭、地域は、道徳科での学びを生かす実践的な学びの場でもあります。ですから、子供たちが試行錯誤の中で、よりよい生き方を模索し成長を見守るあたたかな社会であってほしいと願います。生成ＡＩがより身近になるSociety 5.0時代にこそ、様々な場面でリアルな体験を通じて学ぶことがより一層重要となるのです。人との触れ合いの中で、人のあたたかさに触れ、人と関わることを楽しみ、人と豊かな社会を創りたいという思いをもっともてるようになってほしいのです。

「自分さえよければ、他人はどうでもよい」という人は残念ながら一定数はいます。ですから、いわゆるオレオレ詐欺は一向に無くなりません。そういうことをしている人は、きっと人の痛みを感じられないのです。想像力の欠如とも言えるでしょう。

なにより、その人にも生活があること、その人にも家族がいるであろうこと、そういう人を人と思えること自体を大事にしていきたいのです。そして、人が人を大事にすることを感じる社会に。そんなことを学校が発信していくことが大切です。学校は未来の文化の種をまくところなのです。

第3章

道徳科における個別最適な学び

01 個別最適な学びとは

個に応じた指導の充実

これまでも教育では、学習指導要領において、子供の興味や関心を生かした自主的、主体的な学習が促されるよう工夫することを求めるなど、「個に応じた指導」が重視されてきました。平成28年の答申においては、子供たちの現状を踏まえれば子供一人一人の興味や関心、発達や学習の課題等を踏まえ、それぞれの個性に応じた学びを引き出し、一人一人の資質・能力を高めていくことが重要であり、各学校が行う進路指導や生徒指導、学習指導等についても、子供一人一人の発達を支え、資質・能力を育成するという観点からその意義を捉え直し、充実を図っていくことが必要であるとされました。その答申を踏まえた今次の学習指導要領においても、「個に応じた指導」を一層重視する必要があると示されています。

また、同答申を踏まえ学習指導要領の総則「第４　児童（生徒）の発達の支援」の中では、児童生徒が、基礎的・基本的な知識及び技能も含め、学習内容を確実に身につけることができるよう、児童生徒や学校の実態に応じ、個別学習やグループ別学習、繰り返し学習、学習内容の習熟の程度に応じた学習、児童生徒の興味や関心等に応じた課題学習、補充的な学習や発展的な学習などの学習活動を取り入れることや、教師間の協力による指導体制を確保するなど、指導方法や指導体制の工夫改善により、「個に応じた指導」の充実を図ることが示されました。その際、各学校においては、コンピュータや情報通信ネットワークなどの情報手段を活用するために必要な環境を整え、これらを適切に活用した学習活動の充実を図ることと示されています。

あわせて、ＧＩＧＡスクール構想により学校のＩＣＴ環境が整備されたことで、少人数によるきめ細かな指導体制の整備をより一層進めていきながら、これまで以上に「個に応じた指導」の充実を図っていくことが重要となってきます。

指導の個別化と学習の個性化

第1章でも触れたように、「個別最適な学び」とは、教師の視点から整理した「個に応じた指導」を学習者の視点から整理した概念です。令和3年の答申では、「個別最適な学び」は「指導の個別化」と「学習の個性化」に整理されており、子供たちが自己調整をしながら学習を進めていくことができるよう指導することの重要性が指摘されています。

全ての子供たちに基礎的・基本的な知識・技能を確実に習得させ、思考力・判断力・表現力等や自ら学習を調整しながら粘り強く学習に取り組む態度等を育成するためには、教師の支援の必要な子供により重点的な指導を行うことなどで効果的に指導を実現することや、子供一人一人の特性や学習進度、学習到達度等に応じ、指導方法・教材や学習時間等の柔軟な提供・設定を行うことなどの「指導の個別化」が必要です。

一方、基礎的・基本的な知識・技能等や言語能力、情報活用能力、問題発見・解決能力等の学習の基盤となる資質・能力等を土台として、幼児期からの様々な場を通じた体験活動から得た子供の興味や関心、キャリア形成の方向性等に応じ、探究において課題の設定、情報の収集、整理・分析、まとめ・表現を行う等、教師が子供一人一人に応じた学習活動や学習課題に取り組む機会を提供することで、子供自身の学習が最適になるように調整する「学習の個性化」も必要です。

「指導の個別化」は、一定の目標を全ての子供たちが達成することを目指し、個々の子供たちに応じて異なる方法等で学習を進めることです。その中で子供たち自身が自らの特徴やどのように学習を進めることが効果的であるかを学んでいくことなども含んでいます。ＩＣＴを活用することで得られる情報を活用し、きめ細かく学習の情報を把握・分析したり、個々の子供たちに合った多様な方法で学んだりしていくことで、確実な資質・能力の育成につながっていくことが期待されます。「主体的・対話的で深い学び」を視点とした授業改善の中でも、基礎的・基本的な知識及び技能の習得に課題が見られる場合には、それを身につけさせるためにも、子供たちの学びを深めたり、主体的に引き出したりといった工夫を重ねながら、確実な習得を図ることが求められています。

「学習の個性化」は、個々の子供たちの興味や関心等に応じた異なる目標に向けて、学習を深め、広げることを意味しています。その中で子供たち自身が自らどのような方向性で学習を進めていったらよいかを考えていくことなども含むものです。例えば、情報の探索、データの処理や視覚化、レポートの作成や情報発信といった活動にICTを効果的に使うことで、学びの質が高まり、深い学びにつながっていくことが期待されます。また、子供たちがこれまでの経験を振り返ったり、これからのキャリアを見通したりしながら、自ら適切に学習課題を設定し、取り組んでいけるよう、教師による指導を工夫していくことが重要です。子供たちがキャリア形成の見通しの中で、個性や能力を生かして学びを深め、将来の活躍につなげることができるよう、学校教育で学んだことをきっかけとして、興味や関心に応じた多様な学習機会につなげていけるようにすることも期待されています。「主体的・対話的で深い学び」を視点とした授業改善の中でも、子供たちが自ら学習課題や学習活動を選択する機会を設けるなど、子供たちの興味・関心を生かした自主的、自発的な学習が促されるよう工夫することが求められています。

道徳教育及び道徳科における個別最適な学び

さて、こうした「個別最適な学び」の趣旨を理解し、道徳科の授業に当てはめてみると、その二つの側面である「指導の個別化」と「学習の個性化」をどのように受け止めて指導に生かせるのか、「協働的な学び」を含めてＩＣＴの効果的・効率的な活用をどのように取り入れていけばよいのかと試行錯誤していくその先には、道徳科の更なる授業改善、質的転換へとつながる、子供一人一人のよさや可能性を引き出す道徳科における「令和の日本型学校教育」の姿が見えてきます。道徳科は一般的に、ある特定の内容項目を手掛かりとしながら、ねらいとする道徳的価値の理解を基に、道徳性の様相を育てることをねらいとして指導が行われます。つまり、全ての子供たちが一つのねらいを達成することを前提として授業を行う中で、「指導の個別化」を図った道徳科の特性に応じた学習とはどのようなものになるのか、そのための様々な配慮やＩＣＴの活用を含めた指導方法の工夫等はどのようなことが必要になるのかを考えることが大切です。

「学習の個性化」は、子供の興味や関心等により、一人一人に応じた学習活動や学習課題に取り組む機会を提供し、子供自身が自分に適した学習の目標等を設定することが考えられることから、一単位時間で行う授業から発想を広げ、キャリア教育の視点も踏まえながら、どんな自分になりたいのか、どのような生き方をしていきたいのかなど、全教育活動を通じて行う道徳教育を構想していけば、これまで以上に道徳科を要とした道徳教育のダイナミックな展開が大いに期待できるところです。

02 指導の個別化の実際

多様な子供たちにとってより学びやすい環境をつくるために

全ての子供に基礎的・基本的な知識・技能を確実に習得させ、思考力・判断力・表現力等や、自ら学習を調整しながら粘り強く学習に取り組む態度等を育成するためには、教師が支援の必要な子供により重点的な指導を行うことなどで効果的な指導を実現することや、子供一人一人の特性や学習進度、学習到達度等に応じ、指導方法・教材や学習時間等の柔軟な提供・設定を行うことなどの「指導の個別化」が必要である。

これは、「学習指導要領の趣旨の実現に向けた個別最適な学びと協働的な学びの一体的な充実に関する参考資料」（文部科学省、令和３年３月版）に記載されています。

　このように、これから求められる教育では、一人一人の子供の特性に合わせた指導方法をとることが重要であることは間違いありません。下図のように、教室にいる子供たちは多様なのです。こういう状況にもかかわらず、同じ方法をとっても、目的は達成しにくいわけです。しかし、「頭でその必要性がわかったとしても一人一人に合わせるなんてなかなか難しい」という声も聞こえてきそうです。そこで、多様なニーズに応える一つの手段として注目していただきたいのが、ＧＩＧＡスクール構想で整備されたＩＣＴ端末です。ＧＩＧＡスクール構想では、

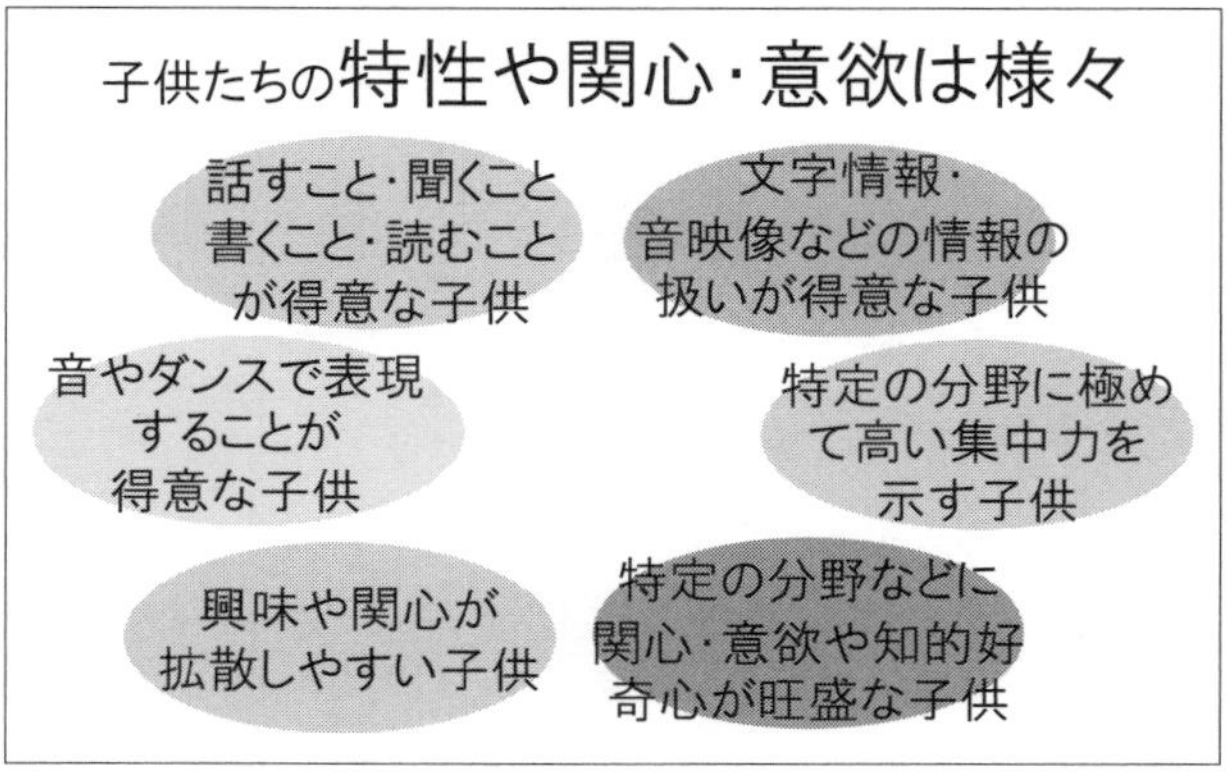
子供たちの特性や関心・意欲は様々
話すこと・聞くこと
書くこと・読むこと
が得意な子供
文字情報・
音映像などの情報の
扱いが得意な子供
音やダンスで表現
することが
得意な子供
特定の分野に極めて高い集中力を
示す子供
興味や関心が
拡散しやすい子供
特定の分野などに
関心・意欲や知的好
奇心が旺盛な子供

出典：内閣府ホームページ

「Society 5.0時代を生きる子供たちに相応しい、誰一人取り残すことのない公正に個別最適化され、創造性を育む学びを実現するため、全ての児童生徒の『一人一台端末』等のICT環境を整備」とされています。

ここで、具体的に考えてみましょう。例えば、子供が自分に合ったワークシートを選べるようにするという例です。数種類のワークシートを準備し印刷しておくという授業準備はとても大変です。どのワークシートを何枚用意するのかという問題もあり、現実的ではありません。しかし、端末を活用すればいくつかのワークシートを準備しておき、子供が自分に合ったものを選択するということが容易にできるようになるのです。このように、一定の目標を全ての子供が達成することを目指し、異なる方法等で学習を進められる複線型の授業を創り出しやすい環境が整備されたわけです。

教師が与えるワークシートで全員が考えるという教育から、子供が自分の学びに適したものを選べる環境をつくることが大切です。こう言うと「子供がそもそも選べるのか？」「子供が選んだものが最適だとは限らない」というような反論も出てきます。これも確かにそうでしょう。では、小学校1年生の段階ではどうしていくとよいのか、小学校卒業時までにはどういう力を育てられそうか、さらに中学校卒業時はどうかと見通しをもって考えたときに同じような反論をするでしょうか。

一人一人の子供が自分に合ったものを選べるようにするためには、どういう教育を積み重ねていくことが必要なのかを考えるときがきているのです。

子供自身が選べるようになるためには、まずそれぞれのツールを使う経験が必要です。どの学年でどのようなワークシートやツールに触れるのかという視点で自校の教育を見直すことも必要です。例えば、各学年で経験するツールの例を整理することも一つの方法です。系統表は歯止めのように使われがちですが、あくまで触れたらよいものを整理しておき、できるだけ早く使用し、自分に合うかどうかを感じる経験を積むことを大切にするとよいでしょう。

このように、どのように学ぶかを意識しながら「コンピテンシーベース」の授業づくりが重要なのです。

個別最適な学びのイメージを広げるために、もう一つの例を紹介します。例えば、本時の学習を振り返り、自分なりに整理するという目的を達成するために、どのような方法を子供たちは選択することができるでしょうか。それを自らやってみたいと言うことができるような自由を雰囲気はあるでしょうか。

文字だけで本時の学びを整理する子もいれば、構造的に整理する子もいます。4コマ漫画で描く子がいてもよいのですし、プレゼンでまとめる子がいてもよいわけです。録音で語って記録をしてもよいですし、音声入力でテキストにしてもよいでしょう。日本語で書くことが苦手な子については、外国語で整理し、教師は、翻訳機能で日本語に直して読むということも可能です。

このように多様な方法を子供たちが知ることで、最適に出会う可能性が広がるわけです。教師がいつも同じ方法をとっていては、そういう力はつきません。教師も子供も、どういう方法がよいのかを試行錯誤しながら見つけることから始めてみるとよいかもしれません。

それが、個別最適な学びの第一歩です。

03 学習の個性化の実際

一定の目標をみんなで達成することからの卒業

学習の個性化は、「子供一人一人の興味・関心・キャリア形成の方向性等に応じ、教師は一人一人に応じた学習活動や課題に取り組む機会の提供を行うこと」だと言われています。

これは、言い換えれば「一人一人に応じた機会を奪ってはいけない」ということです。こう言うと、「学習のまとめはどうするのか？」「収拾がつかなくなるのでは？」という声が必ず聞かれます。ここで言う「まとめ」や「収拾がつく」というのは、誰にとって必要なのでしょうか？　多くは教師の都合です。学習指導案や板書計画通りに進めたいという単線型の授業を卒業することが求められます。ただし、全ての時間がそうでなくてもよいと思います。「小学校1年生からそうなのか」と言われると単線の場合があってもよいと私は答えます。こう言うと、不思議なことに「全ての時間でやる必要はない」ということを根拠にまったく挑戦しない教師が出てきたり、「少しでもやればいいんですよね」という方まで現れたりします。これが「機会の奪うこと」につながるわけです。

教師の都合ではなく、子供の学びを第一に考える「子供ファースト」で学習を組み立てていくことがこれからの学校では大切なのです。

具体的には、どのようなことが考えられるのかを考えてみましょう。

まず、「母の日や父の日にプレゼントを渡す」ということを例にして考えてみます。「親がいない子供はどうするのだ？」ということを言い出す人も必ずいますが、あくまでたとえ話として考えてください。また、何か言っても100％全ての子供や全てのクラスに当てはまることはないので、「そういう可能性があるというご指摘はごもっともですね」と言っておきます。学校には必ず、こういう言い方をする方もいます。そういう声は無視するべきではありません。ですが、いくら言っても納得してもらえない方も、合意できない方もいるということは、事実であり、現実なのです。

さて、話を本題に戻します。多くの人が母の日にプレゼントを渡すのはどうしてでしょう。また、みなさんがプレゼントを渡すのはどうしてでしょうか。そして、その理由として当てはまる内容項目はどれでしょうか。

ある方は「家族愛」と言うでしょうし、別の方は、「感謝」と言うかもしれませんね。また、「思いやり」と言う方もいらっしゃるかもしれません。どれが正解というわけではなく、人によって「家族愛」「感謝」「思いやり」の割合は違ってよいのです。どの内容項目で考えると一番よいということもありません。

つまり子供が「教材」を通して学ぶときに、その教材で大事にしたい心は人によって異なるし、本時に考えたい内容項目も変わってくるわけです。

これは、教師が本時で手掛かりとした「内容項目」とは違う可能性があります。内容項目からはずれているからダメということではなく、どう関連しているのか、という視点で「つながり」を意識することも大事なのです。実は、この多様性が、内容項目間のつながりを生み、「知のネットワーク」としての深い学びになっていくのです。

家族の一員として、よりよい家族の在り方を考えて母の日のプレゼントをする。よりよい家族とは何か、「それは互いを思いやったり、日々を当たり前と思わず感謝したりすることだ」というように、それぞれの内容項目間をつなぐのです。一見ねらいとは違うように見える意見でも、必ずその子供の中では関連があります。そのつながりを意識できるようになることが重要になってきます。教師が本時のねらいと違うからととりあげないと、多様な思いや知のネットワークは、そもそもできないのです。

なお、内容項目の観点をもって学ぶためには、図のような「道徳で大切にしたい19の心（低学年・他の学年は内容項目数で増える）」を活用するとよいでしょう。

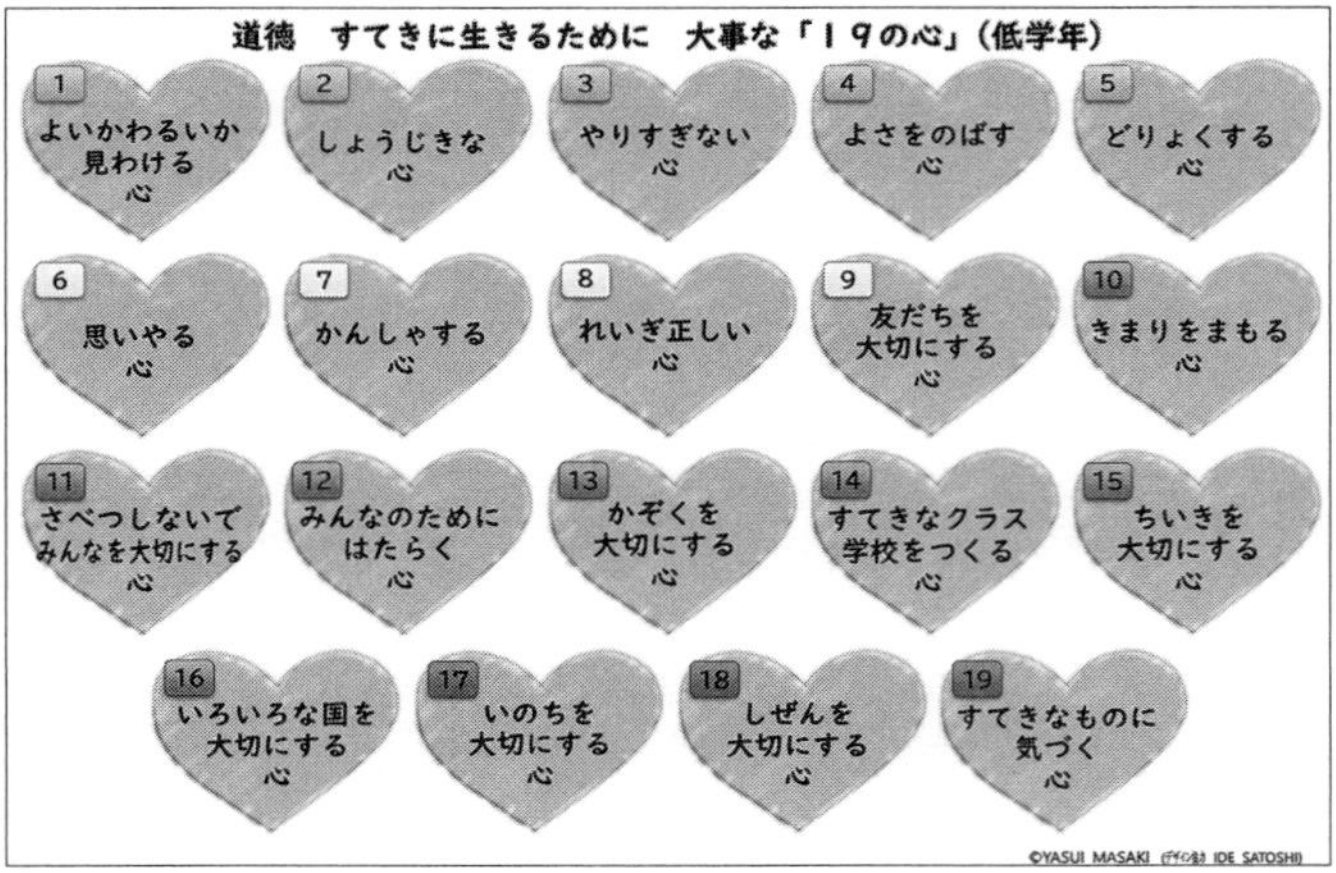

道徳　すてきに生きるために　大事な「１９の心」（低学年）
1 よいかわるいか見わける心
2 しょうじきな心
3 やりすぎない心
4 よさをのばす心
5 どりょくする心
6 思いやる心
7 かんしゃする心
8 れいぎ正しい心
9 友だちを大切にする心
10 きまりをまもる心
11 さべつしないでみんなを大切にする心
12 みんなのためにはたらく心
13 かぞくを大切にする心
14 すてきなクラス学校をつくる心
15 ちいきを大切にする心
16 いろいろな国を大切にする心
17 いのちを大切にする心
18 しぜんを大切にする心
19 すてきなものに気づく心
©YASUI MASAKI
IDE SATOSHI

04 目標や振り返りに内容項目を生かす

自己を見つめるレーダーチャート

子供たちが自分で自分の特性に合わせた学び方を選んだり、自分の興味・関心に応じて課題をもって学んだりするためには、自分の状況を自分で認識する（メタ認知）が重要になります。

例えば、子供たちに、どんな自分になりたいのか、ということを具体的に考えてもらうとしましょう。漠然と聞いても仕方がないので、年度はじめや学期はじめ、または学校行事のときに自己を見つめる機会をつくるとよいでしょう。

「3年生では、リコーダーを頑張りたいです」というような、コンテンツベースの目標を立てがちですが、全ての教育活動で行う道徳教育という観点から、内容項目を生かした目標設定ができるようになってほしいのです。

体力テストのレーダーチャートを思い浮かべてください。自分の得意と不得意を意識できます。

ただし、体力テストは、集団の平均値との比較や基準に基づいた得点が記載されるという意味で、相対評価や絶対評価もされています。そのような評価は道徳では不適切です。あくまで「個人内評価」として、自分の心の成長を自分で捉え、見つめられるようになってほしいのです。

個人内評価を見える化したときに、例えば「目標に向かってやりとげる心」が弱いので、

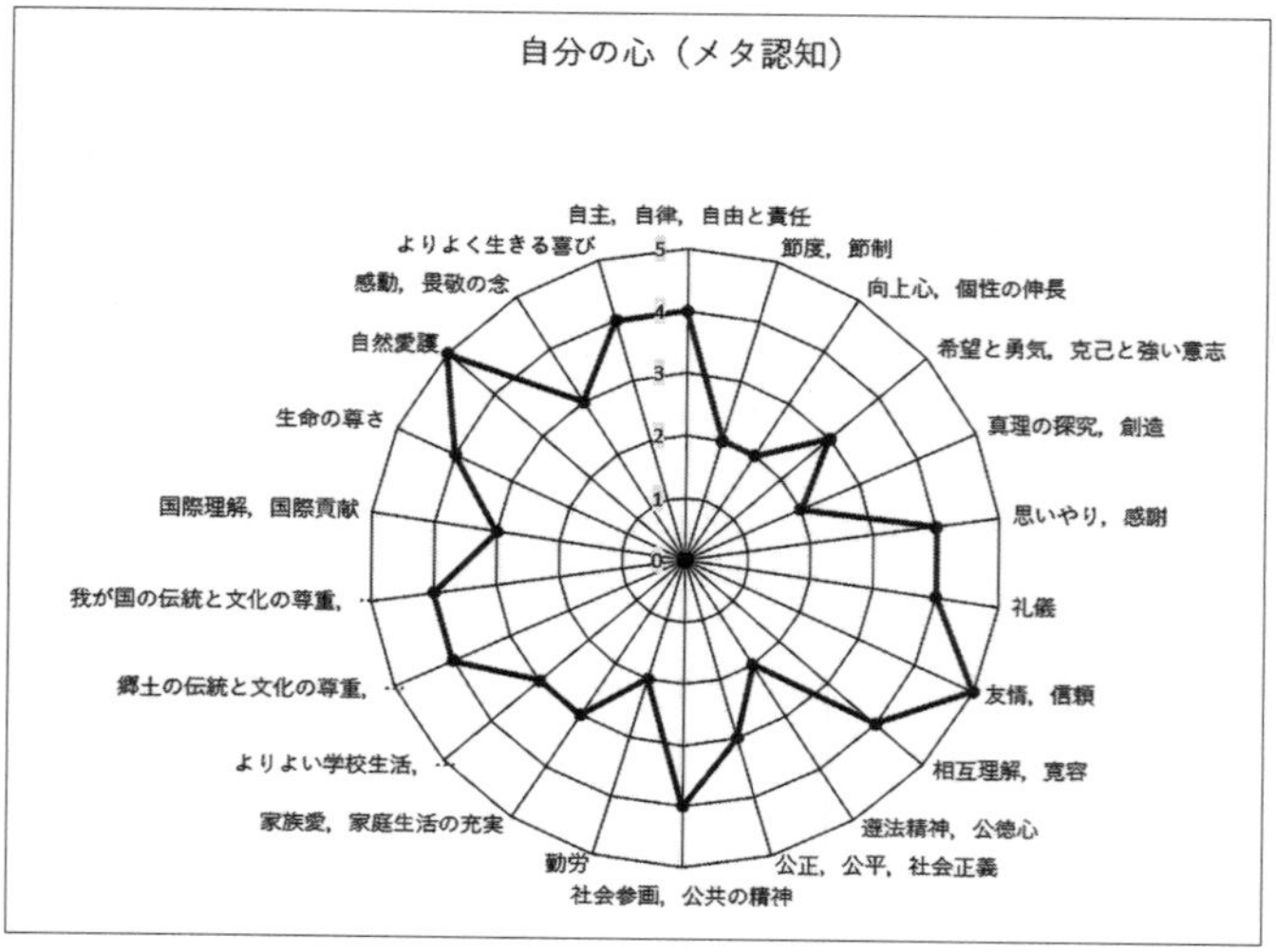
自分の心（メタ認知）
自主，自律，自由と責任
節度，節制
向上心，個性の伸長
希望と勇気，克己と強い意志
真理の探究，創造
思いやり，感謝
礼儀
友情，信頼
相互理解，寛容
遵法精神，公徳心
公正，公平，社会正義
社会参画，公共の精神
勤労
家族愛，家庭生活の充実
よりよい学校生活，…
郷土の伝統と文化の尊重，…
我が国の伝統と文化の尊重，…
国際理解，国際貢献
生命の尊さ
自然愛護
感動，畏敬の念
よりよく生きる喜び
0
1
2
3
4
5

その心を大きくしたいというなりたい自分を思い描き、３年生から新しく始まる「リコーダー」や「習字」を通して、そういう心を大きくしたいというような目標を設定できるような力をつけてほしいわけです。

期末の振り返りのときも「リコーダーが上手に吹けるようになってよかったです」という結果について書いて終わらせてしまうのではなく、「リコーダーが上手に吹けるようになりました。それは、あきらめずにやりとげる心が少し大きくなったからだと思います。友達のアドバイスをすなおに聞いて友達と助け合えたので、友情の心も多くなったと思います」というように、自分の成長の過程をもっと見つめられるようになってほしいのです。

このような取り組みが全教育活動を通して行う道徳教育を子供自身が意識できるということにつながるのです。

運動会のときにも、「徒競走で1位になれるように頑張る」ということも「目標に向かってやりとげる」という視点で、「何をやりとげるの？　1位になるために何に取り組むの？」ということを意識できるようになるのです。例えば、毎日休み時間に走る練習をする、というように具体的な過程を考えられるようになっていきます。子供自身が、自分の心を育てることを意識して、いろいろな活動を関連させられることも大事なのです。

05 学びの地図と現在地

自己調整できる子供を育てる

教材を読んだとき、子供たちが感じることや考えたい内容項目は多様です。一方で、教師は、みんなに本時でねらう内容項目について考えを深めてほしいと思います。これは間違いではありません。ですから、授業の中で、これについてどう思うかをちょっと考えてみようか、と促すことも必要です。「『家族愛』という意見の人もいるけれど、その人の思いを少し想像してみようか」というようにです。すると、「『家族愛』という人も私とほぼ言いたいことは似ていて、お母さんがいつも家で支えてくれていることに『感謝』したいということだと思う。もっといい家族になりたいし、家族のために役立ちたいってことをその子は大事にしたいのだと思う」というような思いに気づきます。自分の思いと友達の思いを関連させながら、教師は特定の内容項目を手掛かりとしながら、そのねらいとする道徳的価値について考えを深めていくのは当然のことです。しかし、教師が設定した内容で、自分の今後について書きなさいと言われても、ぴんとこない子供がいるわけです。これは考えられていないのでありません。「プレゼント」をするときの心のエネルギーは人それぞれですし、「家族愛」という言葉で一見書いていないように見える子供も、「感謝」という内容で家族のために日頃の感謝を伝えたい、役立ちたいと考えているのです。

大切なのは、子供一人一人が「どういう人になりたいか」というゴールの意識をもてているということです。例えば、行事と道徳科を関連させたユニットを構成し、「努力できる人に」という目標をもてるような仕掛けをつくります。子供たちは、「より高い目標を立てて、自分を成長させられるような人になりたい」という自分の姿を学びの地図のゴールとして設定します。先述のように、学期ごとや年間での目標を道徳科と関連させる形でもかまいません。自分なりのゴールと現状があるからこそ、学びたくなるはずです。このように点ではなく線の意識をもてるようにするためには、道徳の学びの蓄積の見える化が重要になります。教室掲示で、1年間のクラスの成長を道徳の学びとともに見える化することも一つの方法ですし、これを端末上（クラウド）で行うのもよいでしょう。

学びの地図

教師は、子供たちのゴールは意識できているでしょうか。1年間でどのような学びをするのか。小学校であれば、6年生までにどのような学びをするのか。さらに中学校の3年間を合わせ、9年間の学びの全体像を意識していただきたいのです。

こんなスパンの長い話をいきなりはできませんので、まずは、1年間というスパンで考えてみましょう。内容項目によっては、同じ内容項目で、複数の教材が用意されています。これはなぜなのか、それぞれの教材の役割は何なのか、という意識をもってほしいということです。さらに、学習者である子供自身が、それを意識できるような仕掛けをつくるということが重要になってきます。ＯＰＰＡシートのような形で学びをつなぐこともできます。行事や生活と道徳科をつなげながら、今の自分となりたい自分を表現する学びの地図を教師と子供とでつくれるようになっていくことで、一人一人の成長が見えるようになります。毎時間の振り返りにとどまらない蓄積が端末で可能となるのです。

06 道徳の眼をよくする

日常生活で見えていないものに気づけるように

内容項目を子供たちにとってよりわかりやすく身近な言葉で表すことで、その内容を日常的に意識できるようになります。

例えば、掃除を一生懸命にしている子供に「掃除をきちんとできてえらい！」と見えている姿だけをほめるのではなく、「『みんなのために働く心』がとても表れているね」とか「そういう人が増えると『素敵なクラス』に近づくよね」というように、教師も道徳の眼をもって言葉がかけられるようになります。

こんな教師の姿を見せていくと、子供たちの道徳の眼をもつようになっていきます。帰りの会で「キラキラタイム」というようなコーナーを設けたり、教室掲示を生かして「キラキラの木」というようなコーナーをつくったりすることもよい方法の一つです。

ただし、道徳の眼が育っていないと「〇〇くんが1年生を保健室に連れて行って優しいと思いました」→拍手、というレベルで終わってしまいます。もちろん、友達のよい行動に目がいくようになるという点で意味があり、これまでも取り組まれてきています。さらに、こういう子供の発見に対して「すごいね！　〇〇くんの姿からどの心を感じた？」と投げかけることで、〇〇くんの「思いやりの心」「素敵な学校をつくる心」が見えた、発表した□□さんの「素敵なものに気づく心」が見えた、というように内容項目の窓から友達の姿を見ることができるようになっていきます。それを私は「道徳の眼」がよくなったね、とほめるわけです。「道徳の眼鏡」で友達を見てごらんという指導をしてきたこともありますが、これは眼鏡をかけたから見えるようになったというイメージを子供はもってしまいます。それに対して「道徳の眼がよくなる」と伝えると自己の成長として感じられると思うのです。こういう意識をもつことで、教師もさらに道徳の眼が発達してきます。すると、教材と日常のつながりも見えてきます。行事とのつながりも見えて成長してきます。つまり、カリキュラム・マネジメントにつながっていくのです。

道徳の眼がよくなるとカリマネができるようになる

「運動会」という行事で特に育てたい３つの心は？と私が問うたら、読者のみなさんは何と答えるでしょうか。「短所を改めて長所を伸ばす心」「より高い目標へ向かってくじけずにやり抜く心」「自分の役割を自覚しよりよい集団をつくろうとする心」などでしょうか。「友達と互いに信頼し異性も理解しながら関係をつくる心」という方がいてもおかしくありません。そうした見方ができて初めてカリマネが成功します。読者のみなさんはすでにお気づきかもしれませんが、こうしたカリマネは、教師が思っているだけでは意味がありません。子供自身が意識してつなげられるようになることに意味があるのです。

また、教師がカリマネをすると特定の側面にのみに着目しがちなので気をつける必要があります。「運動会」＝「より高い目標へ向かってくじけずにやり抜く心」という設定でのカリマネで効果がある子供もいれば、それはできているから、違う意味を見出す子供がいてもよいのです。それが、個別最適な学びなのです。また、別の友達は運動会に自分とは違う意味を見出しているということを知ることも重要です。すると、「遠足」や「宿泊行事」などの見え方も変わってくるわけです。このように「道徳の眼」がよくなることで、いろいろなつながりが見えてきます。行事の写真や振り返り、道徳科の学び、日常生活の写真や一言記録などを端末を使って位置づけていくことで、その子供一人一人の学びの足跡としてのカリキュラムを残すことができるのです。そうした「マネジメント」を子供ができるようにすることも端末ならではの学び方と言えるでしょう。

道徳科を要とした個別最適な学びを積み重ねていく。それを共有することで、子供たち一人一人の「道徳の眼」がよくなる。すると、さらにいろいろなつながりが見えるようになる。これが深い学びの一つの姿なのではないでしょうか。このように、個別最適な学びが協働的な学びに生かされ、さらに個別最適な学びに返ってくる。これが一体的な充実の姿だと思うのです。

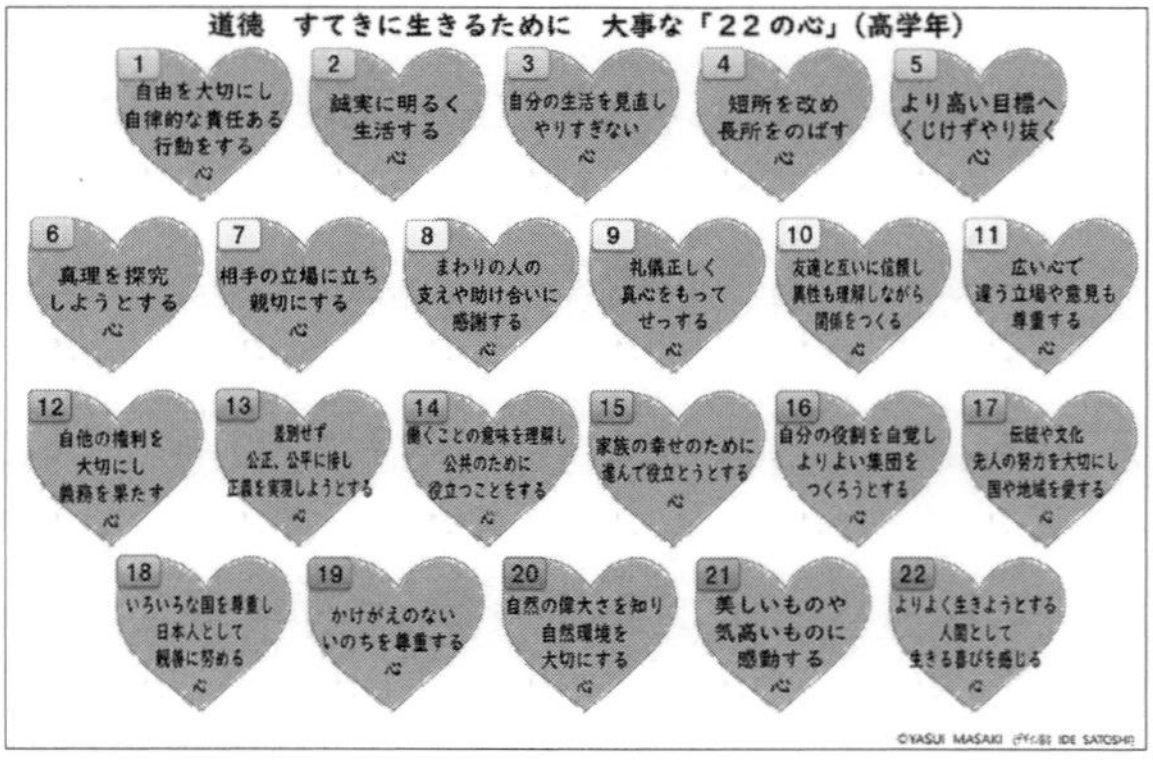

第 4 章

道徳科における協働的な学び

01 協働的な学びとは

豊かな学びの実現のために

「協働的な学び」とは、探究的な学習や体験活動等を通じ、子供同士、あるいは、多様な他者と協働しながら、他者を価値ある存在として尊重し、様々な社会的変化を乗り越え、持続可能な社会の創り手となることができるよう、必要な資質・能力を育成するための学びです。それは、集団の中で個が埋没してしまうことのないよう、一人一人のよさや可能性を生かすことで、異なる考え方が組み合わさり、よりよい学びを生み出すものです。

平成28年の答申では、子供たち一人一人の豊かな学びの実現に向けた課題として、次のことが示されています。

○学校は、今を生きる子供たちにとって、未来の社会に向けた準備段階としての場であると同時に、現実の社会との関わりの中で、毎日の生活を築き上げていく場でもある。学校そのものが、子供たちや教職員、保護者、地域の人々などから構成される一つの社会でもあり、子供たちは、こうした学校も含めた社会の中で、生まれ育った環境に関わらず、また、障害の有無に関わらず、様々な人と関わりながら学び、その学びを通じて、自分の存在が認められることや、自分の活動によって何かを変えたり、社会をよりよくしたりできることなどの実感を持つことができる。
○そうした実感は、子供たちにとって、自分の活動が身近な地域や社会生活に影響を与えるという認識につながり、これを積み重ねていくことにより、主体的に学びに向かい、学んだことを人生や社会づくりに生かしていこうという意識や積極性につながっていく。
○こうした学校での学びの質を高め、豊かなものとしていくことにより、子供たちは、学習内容を人生や社会の在り方と結び付けて深く理解したり、これからの時代に求められる資質・能力を身に付けたり、生涯にわたって能動的に学び続けたりすることができるようになる。全ての子供は、学ぶことを通じて、未来に向けて成長しようとする潜在的な力をもっている。

また、学習指導要領においても、主体的・対話的で深い学びを視点とした授業改善の中で、次の事項に配慮することが求められています。

児童（生徒）が生命の有限性や自然の大切さ、主体的に挑戦してみることや多様な他者と協働することの重要性などを実感しながら理解することができるよう、各教科等の特質に応じた体験活動を重視し、家族や地域社会と連携しつつ体系的・継続的に実施できるよう工夫すること。

新型コロナウイルス感染症の感染拡大に伴う臨時休業からの学校再開後には、限られた時間の中で学校における学習活動を重点化する必要が生じましたが、そのような中でもまず求められたのは、学級づくりの取り組みや、感染症対策を講じた上で学校行事を行うための工夫など、学校教育が子供同士の学び合いの中で特質をもつことを踏まえ、教育活動を進めていくことでした。このことが改めて学校教育の意義を再認識するきっかけとなり、豊かな学びを実現するためにも「協働的な学び」は必要不可欠な学びであると言えます。

空間的・時間的制約の緩和と対話的な学び

ＩＣＴの活用により、子供の学びも、前述した「個別最適な学び」から「協働的な学び」へと一体的に捉えていく中で、子供一人一人が自分のペースを大事にしながら共同で作成や編集等を行う活動や、多様な意見を共有しつつ合意形成を図る活動など、「協働的な学び」もまた発展させることができるようになります。ＩＣＴを利用して空間的・時間的制約を緩和することによって、遠隔地の専門家とつないだ授業や他の学校・地域や海外との交流など、今までできなかった学習活動も可能となります。

同時に、日本の学校教育がこれまで大切にしてきた、同じ空間で時間を共にすることで、互いの感性や考え方等に触れ、刺激し合うことの重要性について改めて認識する必要があります。人間同士のリアルな関係づくりは社会を形成していく上で必要不可欠であり、知・徳・体を一体的に育むためには、教師と子供たちとの関わり合いや子供同士の関わり合い、自分の感情や行為を通して理解する実習や実験、地域社会での体験活動、専門家との交流など、様々な場面でリアルな体験を通じて学ぶことが重要です。

平成28年の答申に示された「主体的・対話的で深い学び」を視点とした授業改善の「対話的な学び」とは、子供同士の協働、教職員や地域の人との対話、先哲の考え方を手掛かりに考えること等を通じ、自己の考えを広げ深める「対話的な学び」が実現できているかという視点であると示されています。こうした学びは、まさに道徳科の授業では欠くことのできない学びと言えます。

道徳科における協働的な学び

道徳科の目標には、道徳性を養うための学習として「物事を（広い視野から）多面的・多角的に考え」ると示されています。こうした学習では、特に対話的な学びが求められ、例えばペアや小グループでの話し合い活動を取り入れ交流することで子供同士の対話を促すことになりますが、子供同士の対話だけでなく、教師との対話はもちろん、保護者や地域住民、専門家等の道徳科の授業への参加を得ることができれば大人との対話も可能となり、考えの視野が広がります。その際にはＩＣＴを活用することで、容易に参加を求めることができるようになります。

また、多面的・多角的に考えるためには、多様な価値観の存在を前提に、他者と対話したり協働したりすることが必要ですが、その多面的・多角的な考えを生かしながら深く考えていくためにも、一人一台のＩＣＴ端末の活用が大きな効果を発揮すると言えます。これまでであれば、挙手をして発言した子供の気持ちや考えは共有できたとしても、心の内に留めていた子供の気持ちや考えはそのまま共有されずに終わることが多くありました。ＩＣＴの効果的な活用は、全ての子供たちのよさや可能性を引き出し、協働的な学びを通して自己の生き方についての考えを深めていく教育を実現することにつながります。言い換えれば、道徳科における令和の日本型学校教育の実現へと向かっていきます。ＩＣＴはそのための基盤となる道具となり、個別最適な学びから協働的な学びへの一連の流れの中で効果を発揮するものとして大いに期待できるものとなります。

02 教室内での協働の実際

より主体的な協働を生み出すために

「友達と話し合ってみましょう」というのが、一番わかりやすい協働の姿かもしれません。得意な子はそれで話し始めることができますが、口火を切るのが大変な子もいます。そういう子供を見て「ちゃんと話し合いなさい」と言っても、主体的な協働は生まれません。させられている協働ではなく、主体的な協働ができるようにするためには、「あれ？」「どうして？」という「話したいと思う心のエネルギー」を生み出す必要があります。その一つの手立てが、ＩＣＴ端末の活用なのです。

例えば、「心の数直線」（熊本市教育センター）で、自分の今の心の揺れを端末上に表してみる。それを隣の人と見比べる。これだけでも、「どうしてそうなったの？」とか「あ、同じだ」というような思いをもちます。そして、「１分間話してみていいよ」と時間を保障するだけで、主体的な協働が生まれる環境をつくることができるのです。

もちろん、環境をつくるだけでは協働は生まれません。ここに、いわゆるネタ本（こうしたらいいよ！というアイデア本）の課題があります。読者のみなさんの中にも「そんなことしたって、今のうちのクラスじゃ無理」という意見があるかもしれません。

協働のために必要な前提

端末があっても、話し合いましょうと言っても、そもそもの前提条件が揃っていなければ協働は生まれません。そこで、前提を確認しておきましょう。

まず、一つ目は、子供たちの学ぶ意識です。これはいわゆる「学級経営」です。何のために学校に来ているのか。授業時間は何のためにあり、友達と学ぶ意味も見出し、道徳教育では、どんな力をつけるのかも意識できている、というような話です。そもそも学ぶとは何か。学ぶの語源は「まねぶ」であり、旧字の「學」にはこんな意味があり…というような学びの前提を日々の学級経営の中で共有していくことが重要です。

二つ目は、人間関係です。これも「学級経営」が大きく影響します。ただし、これは一つ目よりも改善するのはなかなか難しく、これまでの育ちの経緯に大きく左右されることになります。ですから、この点については、むしろ「協働の経験」を通して改善していくと考えた方がよいでしょう。これが「学級づくりは授業で」と言われる意味になります。

授業で「協働的な学び」ができる学級をつくる

「ありがとうございました」と、私は授業の終わりに子供たちに言います。それはなぜだと思いますか。その意味を子供たちにこう説明してきました。「みんなの意見を聞いて、先生もたくさんの発見があった。だから、みんなのおかげで、先生は今日も成長できた。だからありがとうございました、という気持ちだよ」と。

友達と学ぶことはとても素敵なこと。一人ではできない学びを実感する。そういう思いを「協働」を通してふくらませていく。そういう授業を積み重ねていただきたいのです。

例えば、教師が何か発問したとしましょう。数人がパッと手をあげます。さて、先生方は、よくあるこのシーンでどうされていますか？　誰かを指名するでしょうか。私は、基本的にこのシーンでは指名しません。「あ、もう少し考える時間が必要かな？　作戦会議の時間を1分あげるね」と協働で学ぶチャンスを与えます。するといくつかのペアが話し始めるわけです。もちろん、学級によっては、多くの子供が固まったまま1分終えることもあるでしょう。そこで、もう一度「では意見を聞かせてくれる人はいるかな？」と尋ねると、挙手が増えるはずです。そういう子供を見つけて「あ、作戦会議がうまくいったんだね。友達と協力プレーをしたら意見をもてた。これってすごいよね。時間がたりないところもあったようだから、もう1分だけあげる。どうぞ」と、学びを促すのです。

このような積み重ねで、「話し合わされる」のではなく、「話し合うよさを感じる」ようになっていきます。互いに学び合うことに意味を見出せるようになることが重要です。すると、「作戦会議をしたい」と子供が言うようになります。こうした前提の上に、端末を活用した「協働」が成立します。すると「ＩＣＴ」活用のアイデアのような記事が効果を発揮するのです。シンキングツールや共同編集ツールなどを活用したグループでの対話や学級全体での議論を通して、「教室内での協働」が充実するようになるのです。

具体的な事例については、次章で紹介したいと思います。

03 教室空間を超えた協働の実際

GIGAの意味を再確認

ＧＩＧＡスクール構想の「ＧＩＧＡ」は、どういう意味でしょう。パッと答えられる方もいれば、「えっ？」と考え込む方もいらっしゃるでしょう。「ネットの通信量ですか？」「パソコンとかの性能のギガですか？」という声もたまに聞きます。正解は、「Global and Innovation Gateway for All」の略です。「全ての児童・生徒にグローバルで革新的な扉を」という意味が込められています。グローバルにつながるというと、まず思いつくのは、世界とつながるということです。国際理解や自然愛護を主たるねらいとした学習で、その地域を見たり調べたりすることができるのも、端末のよさかもしれません。教科書の写真だけではなく、動画やGoogle Earth、ストリートビューなどを使って、現地を見ることも可能です。あと数年で、ＡＲやＶＲも進むことでしょう。また、実際に専門家などのゲストティーチャーと対話するという活用も考えられます。このように、教室外ともつながりながら学ぶことができるという意味で「扉」としての端末活用が可能となるのです。

どこにいても学べるよさ

私は、小学校の教師として2年生の担任をしていたときに足を骨折し入院しました。そのとき、何時間か病床から授業を行いました。教室にいる補欠の先生の端末を活用し、教室のテレビに私の姿を映してもらい、私は、病室（個室）のベッドの上で、教室全体の様子を見ながら授業をしたのです。

また、コロナ禍においては、濃厚接触の疑いなどで登校できない子供は、家庭からオンラインで授業を受けるということもできました。コロナ禍でなくても、何かの事情で教室に入れない子供も、授業を受けたり、グループで話し合ったりできる環境ができたのです。

保健室登校をしている子供が、保健室から教室の授業に参加するということもできるわけです。教室にいる子供たちからすると、グループでの話し合いのときに、教室にいない子とも話すことができるのです。このような協働はＧＩＧＡスクール構想で整備された環境がなければ考えられない学びです。そういう意味で革新的な「扉」とも言えるのかもしれません。

遠隔授業の可能性

少子高齢化の中で過疎化する地域も増え、単級の学校や複式の学級も増える傾向にあります。少人数のコミュニティの中で話し合っても広がりがなかったり、固定化して議論が深まらなかったりということもあるかもしれません。これからは、オンラインによる遠隔授業もしやすくなります。

２クラスをオンラインでつなぎ、ＴＴで授業をするようなイメージです。子供たちの端末にはＴ１の先生を、教室の大型モニタには板書やスライド資料を提示するようなイメージです。グループでの話し合いはブレイクアウトルームを使い、違う学校の子と議論することができます（ハウリングしないようにマイク付きイヤホンが必要です）。

このような遠隔授業は、複式学級同士をつなぐと同学年の子供同士で学ぶことも可能となります。例えば、Ａ小学校とＢ小学校の中学年複式学級同士で遠隔授業ができる場合、Ａ小学校の先生は両校の３年生と遠隔授業。Ｂ小学校の先生は両校の４年生と遠隔授業という役割分担をすることもできるのです。教員不足の今だからこそ、このような取り組みで学校間での協力も必要なのかもしれません。

道徳科で指導する内容項目によっては、他の地域との交流もよいかもしれません。例えば、郷土愛を学習し、地域の魅力を考えるというときに、他の地域に伝える、他の地域から学ぶという学習ができれば、子供たちにとってより自我関与できる学びになるでしょう。

また、国際理解、国際親善では、他国の学校とつながるということもできるでしょう。翻訳機能は年々進化しているので、言葉の壁も低くなることが予想されます。「そんなの無理だ」という先生も、「現地の日本人学校との交流」となれば、実現の可能性は出てきそうですよね。道徳と総合的な学習との関連も図れそうです。

まずは、教師がＩＣＴ端末を「グローバルで革新的な扉」として使えるようになること。そして、子供の学びの機会を奪わずに、ＧＩＧＡスクールの環境を生かせるようになることが必要なのかもしれません。

04 時間を超えた協働の実際

非同期の学びの可能性

遠隔授業やゲストティーチャーの活用などを提案すると「時間が合わないから難しい」という声を聞くことが多くあります。確かに「同期（同じ時間帯）」の学習が難しいという側面はありますので、そのような問題を解決するには「非同期」をうまく活用するとよいでしょう。

例えば、学校の授業の様子がクラウド上にアップされていて、体調が悪かった子供もあとからみんなの議論を見て学ぶことができる、というようなことです。休む＝取り戻せないのではなく、休んでも好きなタイミングでクラスメイトとの学びを共有できるという端末の活用です。ゲストティーチャーに質問をお送りして、ビデオレターを送ってもらうということもできます。遠隔授業校と非同期になるときには、「ぼくたちは話し合ってこう考えたんだけど、○○小のみんなはどう思うか、聞かせてね！」と、問いを投げかけるというような授業展開も考えられます。

「そんな授業、見たことも聞いたこともない」という読者の方が多いでしょう。おっしゃる通りです。

ここで、ご覧いただきたいのが下図の「ＳＡＭＲ」モデルです。端末の整備が始まった頃は、単にワークシートを紙からデジタルへという代替としての活用が多く見られました。事前アンケートから導入するということも端末を使えばしやすいし、その場でのアンケートもできるというような拡大としての活用も多くありました。

そのレベルを超え、端末があるからこそできる学びに変更していく、そして、授業の在り方を再定義していくというようなことをこのモデルは意味しています。

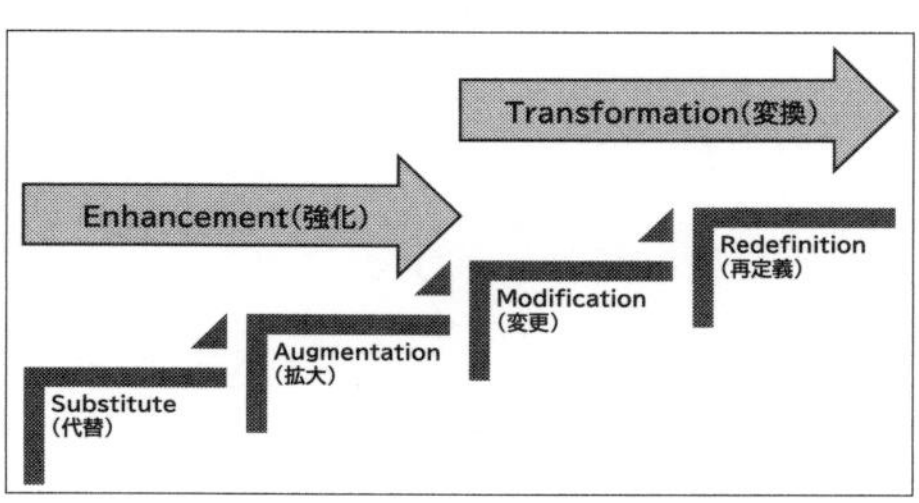

授業時間以外の学びを生かす

端末があるからこそできる道徳科の授業の変容の一つの可能性として、家庭との連携や授業時間外の学びも考えられます。

例えば、道徳科の授業に保護者の声を取り入れるというような可能性です。あるテーマについてのアンケートを保護者向けにとる。同じようなアンケートを子供にもとる。その二つを比較しながら授業で議論することもできます。家族と教材を読んで、各家庭でどんな意見が出たのかということを授業で扱うこともできるでしょう。私は「人を殺してはいけないし、生きものの命は大事だと言うのに、ハエや蚊を殺虫剤で殺すのは許されるのか」というテーマを家庭で話し合って、おうちの人の意見も聞いてくるという課題を出したことがあります。授業冒頭から大盛り上がりです。「うちではこうだった！」と自然と対話が始まるわけです。その導入を生かして、教材での学びに入る。その結果を板書などで残し、また家庭に持ち帰る。そしておうちの人の感想をもらう。このような新たな道徳学習の展開も生まれるわけです。

学年を超えた学び

3月に卒業していった6年生の思いを動画で見る。そんなことからスタートする愛校心の授業があってもよいかもしれません。そのときに、「たぶん、最上級生としての悩みもあると思うけれど、それを乗り越えた先にやりがいや誇りが生まれるから頑張ってね！」というようなメッセージがあったとしましょう。それを導入で生かし、去年の6年生が抱えていた「最上級生としての悩み」とはどんなものだったのだろうという問いが生まれ、教材に入るというような授業づくりです。話し合った後に、卒業生からメッセージをもらうというような授業もできます。

このように「同期」と「非同期」の双方のよさを生かしながら、新たな時代の道徳授業を考える。個別最適な学びと協働的な学びを一体的に充実させていくことで、これまで以上に「主体的・対話的で深い学び」を視点とした授業改善が図られるのです。

次章では、その具体について考えていきましょう。

第5章

道徳科における個別最適な学びと協働的な学びの一体的な充実

01 小学校1年生

かぼちゃのつる

①ねらい

人の注意を聞かずわがままにつるを伸ばし続けたかぼちゃが、つるを切られて泣く姿を通して、自分のしたいことをするときに大切なことについて考え、自分と他者が共に快適に過ごせるようにするための判断力を育てる。

②端末活用

・心の数直線（熊本市教育センター）

主な流れ

1　「わがままましちゃったことはあるかな？」
経験と本時をつなげる。

2　「ついついわがままましちゃう自分の心を『心の数直線』で表してみよう」

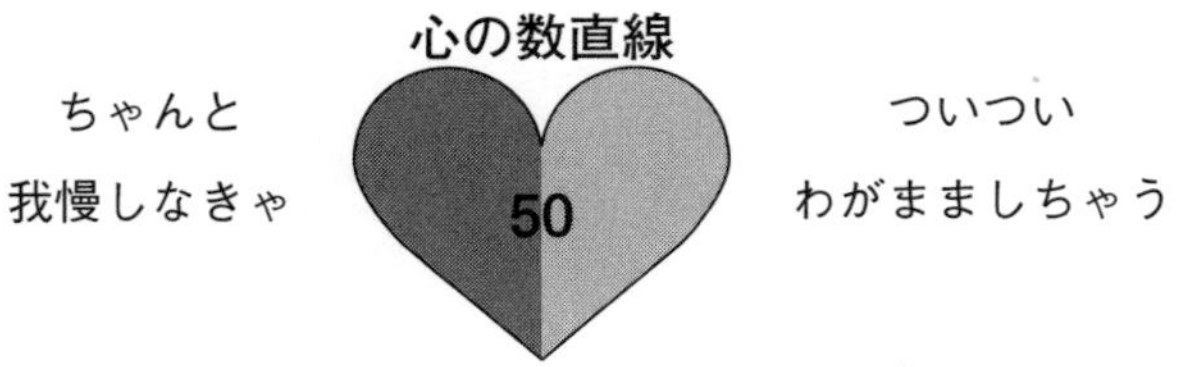

「お隣さんと見合ってお話ししてみよう」
「同じかな，違うかな？」
「心の中にはどんな気持ちがつまっているかな？」

3　問いづくり
「わかっていてもついわがままましちゃうのはどうしてかな？」

4　教材を基に話し合う
「かぼちゃさんの心を『心の数直線』で表してみよう」

5　「みんなの心も変わっていけそうかな？」
１年生の終わりまでになっていたい「心」を「心の数直線」で表し，言葉で学びを振り返る。

③端末活用の意味

・個別最適な学びの第一歩として

自分の心の中を図示する方法の一つとして、「心の数直線」を活用しています。他者との対話の入口としての活用場面、教材中の主人公の心情の変化を感じるための活用場面、そして、自己を振り返るための活用場面があります。目には見えない心の揺れを見える化することで、主人公の心情の変化や変化するきっかけの場面などに着目できるようにもなります。また、例えば90と10という心の場合には、「その10って、どんな気持ちなの?」「90ってどんな気持ちがそんなにつまっているの?」と新たな視点をもたせることで、心情を言語化することにつながるのです。そうすると「私だったら、とても迷うと思います」という言葉だけではなく、ハートの図で表して、図と言葉でワークシートを書き表す子も出てくるのです。これが多様な学び方の第一歩なのです。

・協働的な学びを生み出すために

「お隣さんと、ハートを見ながらお話ししてみようか」というような仕掛けで、子供たちは、その心について語り始めます。「どうしてそういうハートになったのかを聞いてみるといいかもね」と具体的にどんなことを話していくとよいのか、学び方として教えることも大事です。49と51のようなときには、「ちょっとだけ多いのはどうして？」とか95と5のようなときには、「このちょっとだけある5ってどんな心なの？」というように、質問の仕方を教えて、ハートの活用の仕方を伝えます。

なお、1年生では、全員を共有して見比べるという方法は、あまり効果が期待できないかもしれません。そんなにたくさんの情報を比較することができる発達の段階ではないからです。ただ、あの子の話を聞いてみたい！というような協働のきっかけを生んだり、教師がその子をもっと知りたいと質問をしたりする姿を見せるということ自体には、大きな意味があります。

画面を共有して、「いろんな人がいるね」というレベルでは形骸化しています。「見ただけではわからないね。もっと聞いてみたくなっちゃった」というように、教師が学習のモデルとして振る舞うことで、端末を協働の入口にしていくことができるのです。1年生にとっては手軽に使えるアプリで、自分の思いを表したり、他者との違いを感じたりする中で、協働的な学びのよさを感じることが大切です。

02
小学校2年生

およげないりすさん

①ねらい

泳げないことで一緒に遊べないりすさんと、どうすれば遊べるかを考える動物たちの姿を通して、違うところがあっても仲良くすることの大切さについて考え、違いを大切にして誰にでも公平に接しようとする心情を育てる。

②端末活用

・Google フォームなどのアンケート機能　・Jamboard などの付箋機能

主な流れ

1　大切にしたい19の心を確認する
「みんなの自分の中に一番ある心はどれかな？」

2　「お話を読んで，どの心が見えてきそうかな？」

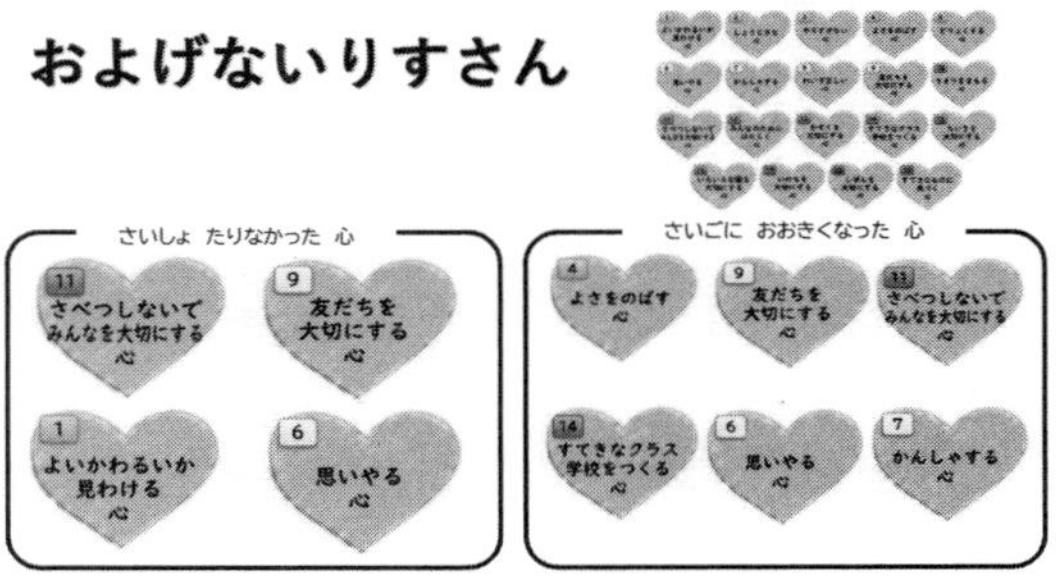

「お隣さんと見合って話してみよう」
・「どうしてそう思ったの？」
・「確かに！と思ったら
　→その意見をいただいてもいいよ」

3　問いづくり
「みんな仲良くするために大事な心ってなんだろう？」

4　教材を基に話し合う
教材についてたりない心の問題点と最後に大きくなった心の大切さについて話し合う。

5　「今日のお話でどの心を大きくしたくなったかな？」
Google フォームで，自分が大事にしたい心について２～３つ選んで，それについて自分の考えを整理し，自分の生き方について考える。

③端末活用の意味

・自分事とするための個別最適な学び

教材を読んだときに感じる「登場人物のよさ」や「自分ならそうはしないという『たりない心』」は実に多様です。これを共有して一つの画面に表現できるように、タッチするだけで移動できるようなスライドやJamboard、ロイロノート・スクールなどを準備しておくとよいでしょう。本時のねらいが「公正、公平、社会正義」だからといって、全員が「差別しない心」だけしか考えてはいけないという制限をしてはいけないのです。考える機会があった上で、「差別しない」ということについても考えていくという教師のスタンスが重要なのだと思います。これを、引率型の授業から伴走型の学習へという言葉で表すことができます。さらにこうした学びを生かして物語を読んでいくと、「友達を大事にするってことが差別しないってこと」というように、友達の意見とのつながりを見つけられるようになっていきます。こういう学習によって内容項目間のつながりも見えてきます。その上で振り返りには「今日の学習を通して、これから大事にしたいと思った心は何かな?」という視点で自己を見つめ、これからの生き方を考えるように設計しています。

一人一人、選ぶ心は違うかもしれません。ここに個別最適な学びの姿があります。これは、授業が下手で、ねらいがずれた授業とは明らかに違います。例えば、「よさを生かす心」を選択した子供がいたとしても、「泳ぐ練習を頑張ったらかめさんはもっと得意になって、りすさんを連れていけるようになると思います。だから、自分も得意なことを伸ばしたいです」という意見。個性の伸長について表現していますが、よさを苦手な人に生かすことで、みんなと仲良くしようとすることをしっかり考えているのです。こうした子供の中でのつながりを感じられる教師の眼をもちたいものです。

・協働的な学びで友達をまねぶ

「あ、そういうのもあるよね！」「確かに！」と友達の意見から学ぶことはとっても素敵なことです。しかし、「先生、○○さんがまねしてきた！」「○○さんがノート見てくる！」という声が多いのも低学年らしさです。「まねされるってすごい。だって相手はいい意見だなぁと思ったってことだよね。ダメなものは写さないでしょ」というように友達に自分の意見をまねされること自体を喜べるような土台をつくることも大切です。そして、「友達のおかげで意見が増えた人はいるかな？」「それは、友達と学べてよかったね」というように価値づけていくのです。まねぶよさを見える化することもできるわけです。

03 小学校3年生

よわむし太郎

①ねらい

心やさしいよわむし太郎が、殿様から白い鳥を守る姿を通して、よいと思ったことを行うときに大切なことについて考え、正しいと信じることを行い、正しくないと判断したことを止めようとする心情を育てる。

②端末活用

・Google スライドやロイロノート・スクールなど、書き込みや共有できるアプリ

主な流れ

1　よわむしのイメージを共有する

ワードクラウドで示し，それを議論の入口にする。

2　教材を読んで，よわむし太郎と呼ばれなくなったわけについて追求する

・「正しいことをできる人は，弱虫なんかじゃない」

・「いばっている人が強いんじゃなくて，本当に強い人は、弱い人を守れる人」

3　勇気を出すためのエネルギーの基について考える

・「勇気ってどうしたら出るの？」

・「勇気がある子になるには？」

4　心の階段をつくり，現状を見つめながら，これからの自分について考える

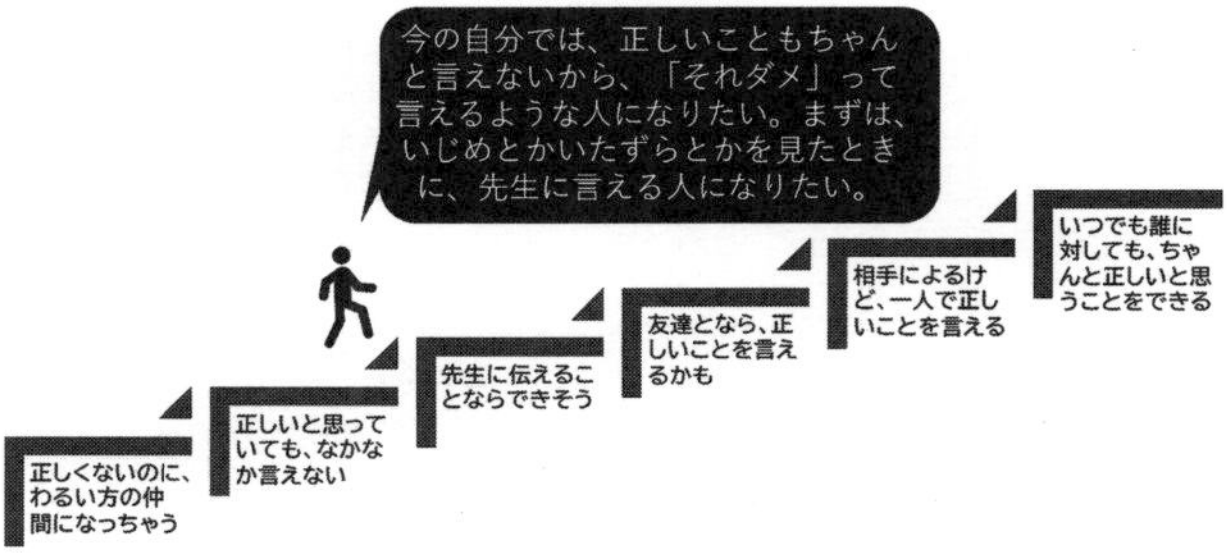

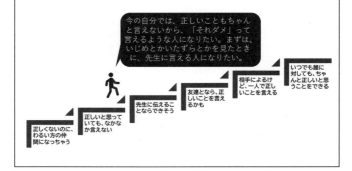

③端末活用の意味

・協働的な学びを生むためのワードクラウドの活用

ＡＩテキストマイニングなどを活用すると、全体の意見の傾向を共有することができます。これで共有した気になってしまうのが、一番ダメなパターンです。「活用ありき」と言われるのは、とりあえず使ったけれど、そこにあまり意味を見出せないという事例です。そうならないようにするための活用が、「協働の入口にする」ということです。今回の事例では、「よわむし」のイメージをワードクラウドで共有します。それを見て、「これってどういう意味だろうね」「ぼくの意見は、たぶんこれだと思うんだけど……」「○○さんはどんなことを書いたの？」というような協働的な学びを生むために使うのです。すると、考えをもっていない子供でも協働的な学びに参加できます。これまでは、自分の考えをまずワークシートに書きましょう、というところからの協働的な学びのスタートでした。これでは、書けていない子供はどうしても参加するのが後ろめたくなります。そういう個人差をできるだけ見えないようにするのも、ワードクラウドの効果の一つです。思いつかない子供も、話し合いのヒントを得ることができるのです。

・一人一人が認められる終末を

授業を通して、こうありたいという理想をみんなで語り合うことはとても大切なことです。その積み重ねの延長としてウェルビーイングな社会があるのだと思います。

理想と現実を埋める「心の階段」を授業中にみんなで考えていく、それを端末上でつくり上げていくと、その画像を共有して、一人一人が授業で考えた「心の階段」を活用して、自分の現在地やこれからなりたい自分にどう近づくのかという視点で本時の学びを整理することが可能となります。これは、階段の板書を共有してもよいのです。デジタルとアナログを組み合わせつつ、端末ならではの学びを展開することで、個別最適な学びを実現できるのです。このように、協働的な学びが、それぞれの個別最適な学びに生かされるという過程が目に見えることが大切です。こういう実践の積み重ねにより、子供たちは協働的な学びのよさを実感できるようになるのです。

これまでの道徳科の授業では、「まとめ」を板書する実践もありました。全てを否定はしませんが、その理想に近づけない子供は、自己肯定感が低下しかねません。さらには「道徳はきれいごと」というイメージにつながります。現実と理想を近づける個別最適な学びが大切です。

04 小学校4年生

絵はがきと切手

①ねらい

料金不足のはがきを送ってきた友達に対し、そのことを伝えるかどうか悩むひろ子の姿を通して、友達を大切にすることについて考え、友達のことをよく理解し、信頼し、助け合おうとする判断力を育てる。

②端末活用

・Jamboardやロイロノート・スクールなどの付箋機能・思考ツール

主な流れ

0　（事前）「友達として大事なことを集めておこう」
Jamboard（ロイロノート・スクール等）に協働編集で付箋を増やしておく（誰が何色を使うかを決めておく）

1　「友達について意見を整理してみよう」
グループごとに協働編集画面を見ながら，一人一人が思考ツールを選択して意見を整理してみる。

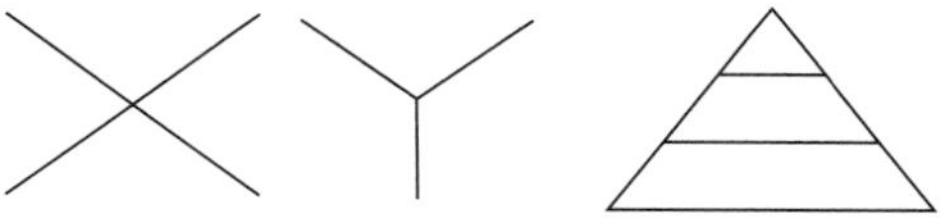

グループで分類した意見を見合い，それぞれの友達は何を大事にしたいのかを伝え合う。

2　教材を読んで，友達だからこそ何を大切にしたいかを話し合う
・心の数直線で表現された心の内を伝え合う
・友達だからこそ……に続く言葉を考えてみる

3　座標軸で整理しながら，本時の学びを振り返る

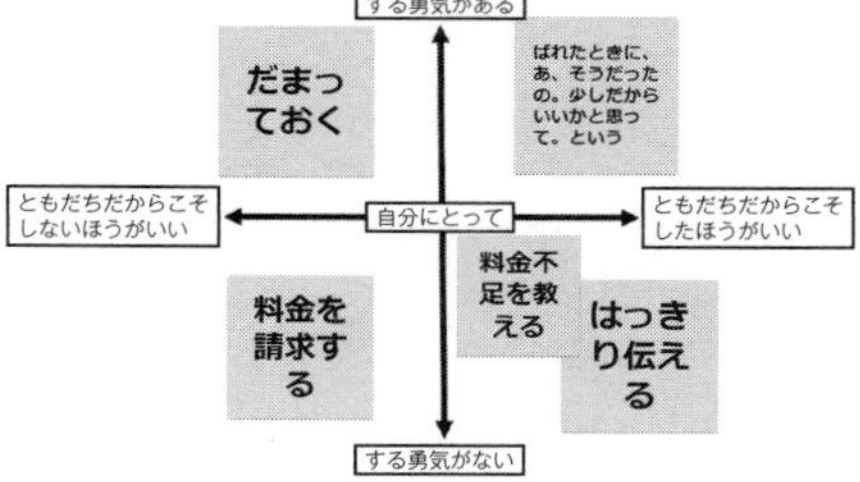

③端末活用の意味

・学び方を選択する個別最適な学び

この事例では、事前学習として「友達として大事なこと」を付箋に書き協働的に増やす活動を取り入れています。端末を持ち帰ることにより、いつでもどこでも学べるような環境をつくることも大切です。子供が何をするかわからないから持ち帰らせないというのではなく、例えばYouTubeで見たい動画を瞬時に見つけられるようになることもある意味で大切な力だと指導観を変えればその活動の見え方は変わってきます。機会を奪うのではなく、もっと調べてみたいことや端末を使ってやってみたいことなどを生み出すことが重要なのです。一人一人の思考を形にするときに、その内容も違うし、やりやすさも違うので、ワークシートは多様な形の方が、よりその子供が考えやすい環境をつくることができます。これまでは、印刷しなければならないことから複数種類を用意できないという理由があったり、板書の整理にこだわりをもつ教師もいたりして、この部分にはあまり光があたっていませんでした。教師がこう教えたいという「引率型」の指導を変え、「伴走型」にするというのは、このような指導として表れます。「放任型」にならないように、ツールのよさや使い方を教えることを大事にすることが、真の「伴走」と言えるでしょう。

・目の前の友達の思いを推し量る協働的な学びの意味

「相手の気持ちになってごらん」「相手に嫌なことをしません」ということを言われる子供が減ってきているのかもしれません。けんかもせず、トラブルも起こさず、人との関わりが少ない子供もいます。そういう経験が少ない子供に「教材の中の人の気持ちを想像する」ことを求めても、まったくリアリティがありません。普段一緒に過ごしている人の気持ちを推し量れないのに、知らない誰かの一側面を見て推し量ることは難しいのです。

これまでも、同じような意見をみんなが書く、その状態で話し合いをするから「わかりきったことを言わされる」というおさらいのような授業が見られました。学習指導要領では、そういう指導の改善の必要性が述べられています。多様な意見が出るような発問をし、違いがあるからこそ、協働の意味が生まれるのです。協働的な学びでは、「相手にわかるように伝える」という発信に目がいきがちになりますが、あえて「端末を見て、その人がどんなことを大事にしているのかを考えてごらん」という推し量ることを大事にした学びも取り入れるとよいでしょう。その結果、「あ、もっと表現を変えないと伝わらないんだな」という次につながる学びも生まれます。また、きっとこう考えたんだろうなぁという推し量る心が育ち、教材の学びもより豊かなものになるのです。

05

小学校5年生

ブランコ乗りとピエロ

①ねらい

対立していた二人が歩み寄り協力してサーカスを成功させていく姿を通して、考えの違う者同士が関わり合って暮らすためにはどんな心が必要かを考え、自分の考えや意見を相手に伝えるとともに、広い心で相手の思いや立場も尊重しようとする心情を育てる。

②端末活用

・スライドやロイロノート・スクールなどの協働編集しながら心情曲線を描けるツール

主な流れ

0	（事前）　けんかをして仲直りできないときの自分の心について，自分の心の中にどんな要素があるのか，自分なりの方法で整理して，端末に入れておく。
1	教材を読んで，問いをつくる 「この二人から学べる大切なことは何だろう？」
2	心情曲線で教材文を整理し，二人の関係を変える心のもちようについてみんなで議論する 二人の距離を意識し，どちらが歩み寄っているかなどを共同編集で図に表現して，話し合う。 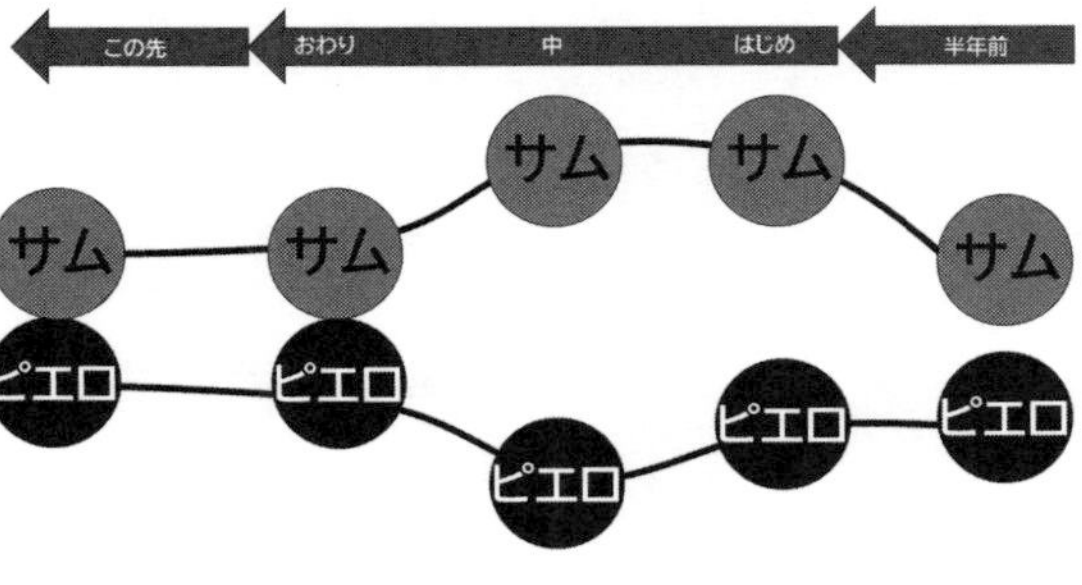
3	自分なりの方法で，学びを振り返り生き方を考える ・文字で振り返る ・４コマ漫画で振り返る ・図と文字で振り返る ・紙に書いて，それを撮影する ・文字を入力する

③端末活用の意味

・自分の心を見つめる個別最適な学び

友達とけんかしたら……。「気まずいからすぐ謝りたい」「でも、謝りにくい」「相手も悪いから自分から言いたくない」など、様々な思いがあります。このような思いをどのように整理するのか。そういうときに自分に適した方法を選べるようになっていることが求められます。もちろん他の教科等も含めて、経験を積み上げておくことが大切です。

例えば、フィッシュボーンチャートを使い、下記のように整理する子供もいるでしょう。クラゲチャートを使う子供もいるかもしれませんし、XチャートやYチャートを使う子供がいてもよいのです。ハートの絵の中にいろいろな思いを書いてもよいですし、心の数直線で表して、その中にある思いを書き出してもよいのです。考えやすい方法も、十人十色なのです。

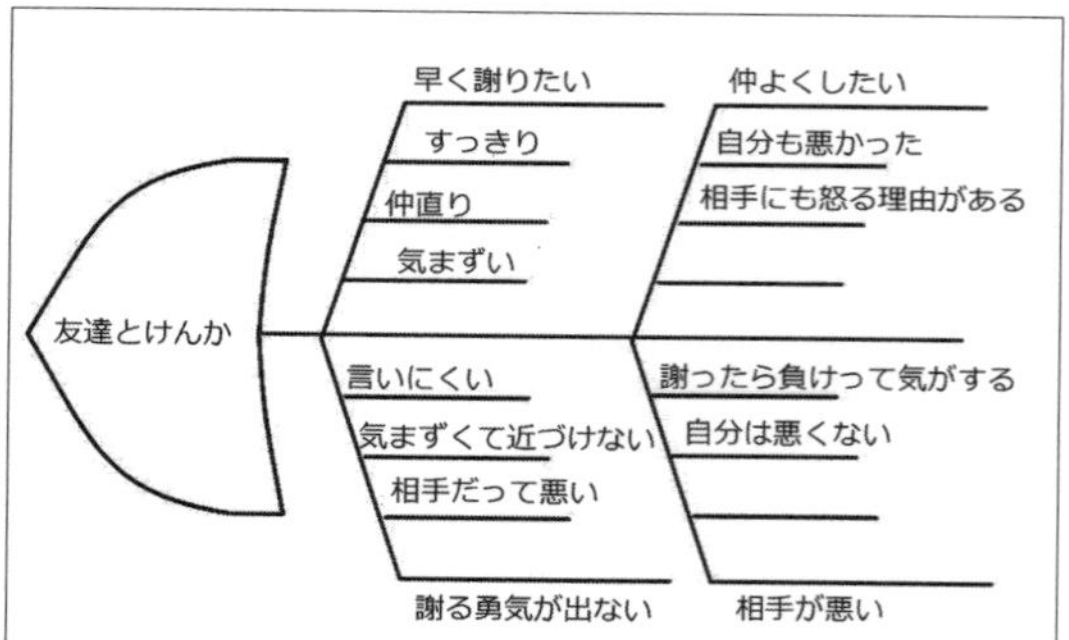
友達とけんか
早く謝りたい
すっきり
仲直り
気まずい
仲よくしたい
自分も悪かった
相手にも怒る理由がある
言いにくい
気まずくて近づけない
相手だって悪い
謝る勇気が出ない
謝ったら負けって気がする
自分は悪くない
相手が悪い

・学び方を学ぶ協働的な学び

それぞれが選んだツールを基に交流をすると、「けんかしてしまったときの思い」というコンテンツベースの学び合いだけではなく、「それをどのように見える化し整理するとわかりやすいか」というコンピテンシーベースの学び合いも生まれます。ここだけを強調すると「道徳科はパソコンの使い方の時間ではない」というような指摘をする方もいます。しかし、学び方は道徳科でこれまでも教えてきました。「人の話をどう聞いたらよいのか」「ノートにどう整理したらよいのか」というように、これまでも教師は学び方を大事にしてきているわけです。相手意識をもって字をきれいに、という指導もしてきたと思います。そんな指導をしてきた教師の中にも、端末がからむと急に学び方の指導に後ろ向きになる方がいます。それは、「子供も先生も慣れていない」ということが大きな要因だと思います。これも数年で解消されることでしょう。いや、解消されない学校には成長がないのではないかと個人的には思います。そういう学校間の差は、子供たちの将来にどのような影響を与えるのか、想像していただきたいのです。私が職場を小学校から大学に変えて、その差を強く感じます。自己調整ができたり、他者と協働的に学んだりできる学生とそうではない学生。ここまでの学びの積み重ねの差が、姿となって見えるのです。

06 小学校6年生

小川笙船

①ねらい

貧しい人々の命を救うため、若い医者を育てながら手厚く貧しい病人を看続けた小川笙船の姿を通して、自分の決めたことをやりとげるために大切なのはどんな心かを考え、直面する困難を乗り越え、理想に向かって努力しようとする実践意欲と態度を育てる。

②端末活用

・Jamboardやロイロノート・スクールなどの付箋機能と思考ツールなど

主な流れ

0　（事前）　自分の夢に向かうステップを図で表現する
ハートの中にどんな要素があるのか，自己を見つめて，端末を使い「付箋」で整理する。

1　教材を読んで，問いをつくる
「頑張れるエネルギーって何だろう？」

2　主人公の心のエネルギーを参考に，自分にとってのエネルギーを見つめ，交流する
自分の心のエネルギーをいくつかのワークシートの中から選択して，表現する。その際，内容項目の位置づけにも着目させる。

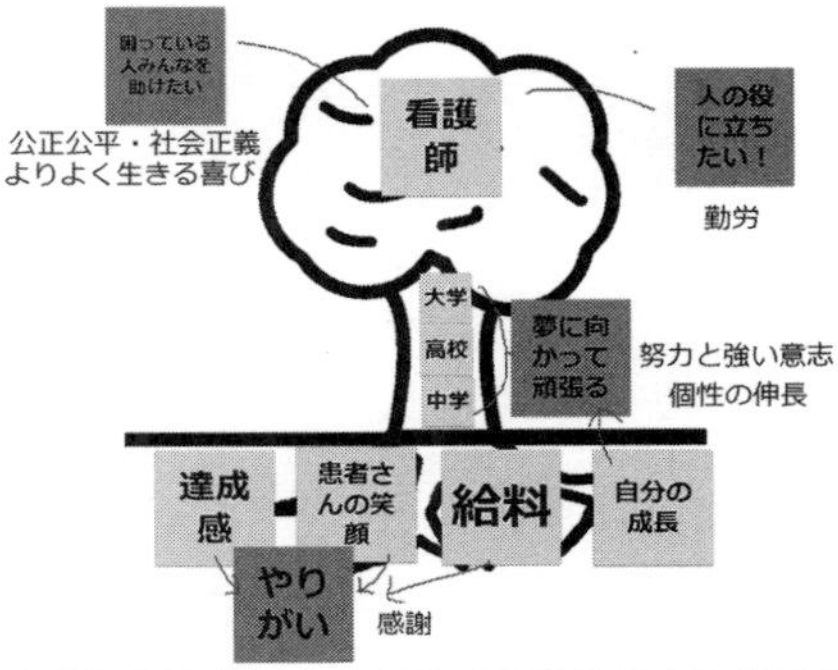

3　友達の心のエネルギーの考えを参考に，これからの自分の夢に向かって大切にしたい心について考える
学び合いの中で，自分のワークシートに追記し，教材の学びを今後の自分の生き方に生かす。

③端末活用の意味

・「ねらいとする内容項目」とそれに関連する内容項目を選ぶ個別最適な学び

この教材は、一般的には「希望と勇気、努力と強い意志」について考える教材として指導計画に位置づけられています。これを自分事として捉え、自分の生き方につなげて考えるためには、「夢」に向かう「中学・高校・大学」といった今後の進路と関連させながら考えることが重要です。こうした身近に迫ったことなしに、将来大人になったときには、という絵空事を語り合うことも悪くはないですが、現実感のない学びに終始してしまう可能性もあります。そこで、子供たちが考えやすい思考ツールとして、「木と根」や「夢への階段」などのワークシートを複数用意しておき、それぞれが自分が整理しやすいツールを選択して学ぶという工夫をすることが考えられます。

これにより、「自分の夢へのエネルギーは何か」「自分が努力する心の土台となるものは何か」というようなことを考えられるようになります。

このような学習活動は、教科書なしでもできる可能性がありますが、教科書で主人公の生き方に触れ、主人公を動かした「心」について考えることを経験するからこそ、自分の心をより見つめることができ、自己の生き方を考えることにつながるのです。

・友達を鏡に、自分の心を見つめるための協働的な学び

一人一人に夢があり、それに向かって努力する。それを支える心のエネルギーは十人十色です。その考えが整理されたワークシートを友達と見合うことは、自分の考えをブラッシュアップすることにつながります。「せっかく書いたので、見せ合いましょう」という指示では、ブラッシュアップする子供は一部にとどまります。「友達の考えを鏡にして、自分の心を見つめる材料にしてごらん」というような言葉をかけることで、子供たちの意識は変わるはずです。ただ見るのではなく、「あ、こういう気持ち、私にもあるな」というような気づきが生まれます。

この活動では、「まだ夢は決まっていません」という子供が必ず出てきます。これは、職業レベルでは確かにそうかもしれません。しかし、「人の役に立つ仕事がしたい」「誰かの笑顔につながることができないかな」という、どういう大人になりたいかというレベルで考えれば、どの子供でも考えられます。友達との協働的な学びを通して、「希望と勇気、努力と強い意志」には、自分なりの強い夢や目標が必要だということを学ぶ時間でもよいわけです。その子供にとっては、本時が未来への種まきになるからです。協働的な学びには、そのような子供も含めて個別最適に、互いに高め合う効果があるのです。

07 中学校

海と空 ―樫野の人々―

①ねらい

長年主人公が抱いていた疑問を考えることを通して、世界の中の日本人としての自覚をもち、国際的視野に立って同じ人間として尊重し合おうとする道徳的心情を育てる。

②端末活用

・Google ドキュメントや Word などの文書作成ソフト
・ネット検索（ＨＰ検索だけでなく、NHK for School や YouTube、ニュースを含む）

主な流れ

0	（事前）「国同士のよい関係とは」をテーマに、ニュースなどの今の世界情勢の情報を基に自分の考えを文章で整理しておく アプリは，個々で選択してよい。
1	教材を読んで，問いをつくる 「『水平線で一つ』には，どんな意味が含まれているのだろう」
2	自分で調べてきた今の世界情勢と教材とを関連させながら考えを深めていく ・調べた内容と教材内容を基に課題を考える ・「日本とトルコのような関係が事実としてあるのに，どうして世界では戦争が止まないのか？」 ・「ウェルビーイングな世界を実現するために必要なことは何だろう？」
3	（終末から３日後まで）「『国同士』がよい関係になるには？」について自分の学びを再整理する ・事前の自分の考え ・本時の学び（友達の意見など） ・本時の板書や自分のワークシート などを生かして，自分の考えを更新していく。

※藤永啓吾先生（山口県）の実践アイデアを参考にしました

③端末活用のねらい

・一人一人の学びを積み上げる端末活用

今の世界情勢を基にしながら、教材を読み進めるために、事前学習を設定しています。まず、ネットの情報を引用したり、自分なりの解釈を加えたりしながら、自分の「国同士のよりよい関係」について考えをまとめる学習活動をします。その学習を土台として、本時の学びを通してそれをさらにブラッシュアップしていくという授業デザインです。このアイデアは、山口県教育委員会の藤永啓吾先生のアイデアを基にしています。道徳科の学びを教室のその時間だけにとどめるのではなく、学びの連続性や日常とのつながりを大切にした実践です。

友達の書いたシートや板書などを自分の学びに生かすことができるのは、端末だからこその学びです。データの共有をうまく活用しながら、自分の考えをより深めていく学びが期待できます。もちろん、自治体による端末の環境の違いはありますが、協働的な学びを生かして個別最適に一人一人が学んでいくという指導観は、これからの教育では特に重要だと思います。自分の興味を土台にしながらも、友達の興味に基づく世界各国の情勢に触れ、自分の学びを更新する新たな道徳科が期待されます。

第6章

学びをつなげ発展させるカリキュラム・マネジメント

01
道徳科を要にしたカリマネ

縦のつながりと横のつながり

道徳科が「要」ということをより具体的に考えるためには「カリキュラム・マネジメント（以下、カリマネ）」がとても重要になります。カリマネを考えるときに一番考えやすいのは、学校行事などとの関連です。遠足や宿泊行事、学芸会（学習発表会）などの行事を核に、それと関連させて教材配列を工夫するというものです。これは、一つ間違えると道徳科の授業が学校行事のための「事前指導」になってしまうという危険性もあります。「宿泊行事」の前に「自由と責任」の教材を使って、「勝手なことをするなよ。自由と自分勝手は違うからな」というメッセージを子供に伝えるのでは、カリマネは失敗しているのかもしれません。事前指導は、別の時間にしっかりとしておき、宿泊行事を終えた後に、自分の経験と重ね合わせながら「自由と責任」について、もう一度立ち止まって考えるというカリマネの方が、道徳科としては、今後の生き方に生かすためにも意味があります。このように、道徳科の特質を踏まえながら、行事等との関連を図っていくことが重要です。なにより、そのカリマネを子供自身が実感できることが大切です。子供が自分でつなげて考えられるようにすることが、道徳科の学び方として重要なのです。

「道徳は正論を言う時間」になってはいけません。自分の生き方とつなげて考えられるようにするためには、子供自身が「つながり」を意識できるようにすることが大切です。ＩＣＴ端末は、そうしたつながりの見える化に役立ちます。本章では、つながりを「横のつながり」と「縦のつながり」という二つの側面で捉え考えていきます。同時期のつながりとしての「横のつながり」、時間を超えたつながりとしての「縦のつながり」というイメージです。横のつながりも、正確には全く同じ時間にはできませんので縦と言うこともできますが、ほぼ同時期のつながりと考えてください。これまでのカリマネは「横のつながり」がよく意識されていましたが、さらに「縦のつながり」を意識することで、道徳科の１時間の要としての役割が、より明確に、そして、より重要になってくると思います。

02 学びを横につなげる1

道徳科の既習とつなげる

道徳科の教科書を見返しながら、「先生！　前にこのお話でも考えたけどね」と教材を超えて学びをつなげる子供がいたら素敵ですよね。多くの場合、内容項目を超えて、「わかっていてもできないときがある」とか「正しいことがわかっていても勇気を出せないときがある」といった人間理解や、「感じ方は人それぞれだから、話してみることが大事」というような他者理解につながるようなコンピテンシーベースの学びの発言です。

このような学び方は、他教科等の学び方の応用と捉えることができます。算数科では、「前の時間の考え方は使えそうかな？」もしくは「どこが違うかな？」と、前時の学びを生かした学習を行っています。国語科でも、「前の段落では○○だったから……」というように前時とつなげた考え方をしています。ところが、道徳科になると、毎回教材が違うためにつなげる意識が急になくなってしまう子供が多いのです。そこで、既習とつなげる意識をもたせたいのです。学びの蓄積をデジタルでしていれば、よりいっそう振り返りやすくなるでしょう。板書の写真で確かめる子供もいます。アプリによっては、自分の振り返りの文章について簡単にキーワードで検索をかけることもできるのです。

これまで先生方が模造紙にまとめていたような学びの記録を、板書の写真を中心にスライドなどでまとめておき、共有しておくのもよい方法です。

「つなげる」をキーワードにして、そういう発見ができた子供を認め、価値づけていくことで、さらにこうした学び方ができるようになっていきます。このような気づきは、一人で学んでいてもなかなかできません。多くの子供で学ぶからこそのよさです。他者から学んだことをまねる。他者からの学びを自分に生かすという視点で振り返りを書くことも重要です。学習の振り返りでは、本時の内容にとどまらず、こうした学び方につながる振り返りができるように指導することを大切にしましょう。そうすることで、学び方を教え、育てるコンピテンシーベースの道徳科が展開できるようになるのです。

03 学びを横につなげる2

各教科等とつなげる（コンテンツ）

生活科でアサガオを育てていて、「お花が咲いてとってもうれしかった」という授業での学びを道徳科につなげる。これはとても考えやすいつながりです。このつながりを先生方はどのような道徳的価値で捉えるでしょうか。きっと人それぞれでしょう。それは子供たちにも言えることです。体育や図工、音楽で努力してできるようになったこともあれば、失敗した経験としてくじけたり投げ出したりすることもあるでしょう。そういう教科等の学びを生かすのです。これは簡単にはできるようになりません。友達がつなげた発言を聞いて「あ、そういうこと、私もあったな！」と気づけるようになっていくのです。学び方を協働の中で身につけられるように工夫していくことが大切です。

各教科等とつなげる（コンピテンシー）

理科では、「比較」や「条件制御」という学び方を学習します。生活科では、「五感を生かした学び方」を学習します。こうした学び方という面でのつながりも意識しましょう。道徳科でよく陥りがちなのが、「たられば」というある仮定における空中戦の議論です。「でもさ、もしこういうときならさ……」というような比較は、条件制御ができていないために起きるのです。しかし、実はこういうときの議論は、お互いに納得できないために熱くなり、盛り上がります。しかし、そもそもボタンをかけ違えているので、どれだけ議論してもねらいには迫れず、ただ時間を浪費するだけなのです。例えば、手品師が夢をとるのか約束をとるのかというような議論も、「明日遊ぼうね！」という普段からよくある約束なのか、「誕生日会」のような特別な約束なのか、その条件を揃えずに議論するから「約束は！！！」と熱くなるのです。こういう議論の仕方自体も他教科等の学びを生かす。そのためには、各教科等で育っているコンピテンシーを教師が意識することが重要です。

04 学びを横につなげる3

学校行事や日常の学校生活と

子供たちが最もつなげて考えやすいものが「学校行事」です。これは、子供にとって大きなイベントであり意識に残りやすいからと言えます。身近な日常の学校生活も、意識さえできればとても考えやすいものになります。しかし、実際には当たり前の日常は、実はあまり意識できていないので、子供にとってはつなげにくいという現実もあります。

「最近協力したことは？」と問うたときに、「運動会で協力したよ！」ということは思い出しやすいのです。しかし、「さっきの算数の時間、わからないところを教え合ったよ！」という日常には気づかない子供が多いのです。

こうした日常とのつながりを意識した学びを展開するためには、普段の学校生活の様子がアルバムとしていつでも見られるようになっているというのも一つの方法です。教師や子供たちが撮影した写真を端末の共有フォルダに入れておく、もしくは、学級サイトをつくっておく、子供の係活動として、新聞会社や写真会社が記録を残していくこともおすすめです。制作物は、デジタルでつくり端末上で見られるようにしておいても、印刷して掲示しておいてもよいでしょう。

例えば「みんなのために働く頑張り屋さん紹介」として、清掃当番を頑張っているAさん、係活動を頑張っているBさん、委員会で活躍するCさんが紹介されるというような日常活動が、道徳の眼を育てるとともに、道徳科の学びの中でも、そういう日常とつなげて考えられるようになっていくのです。

このような子供を育てるために、学級通信を活用するのもよいでしょう。教師が子供のよさを価値づけるのです。何気ない日常、当たり前の日常に子供たちの輝きがある。そういう教師のあたたかな眼差しを通信や掲示物、クラスのサイトなどで見える化することで、子供もできるようになっていきます。教師が子供の学びのモデルとなれるように、日常と道徳をつなげて考えられるようになりたいですね。

05 学びを横につなげる4

家庭や地域とつなげる

塾と学校の違いを先生方はどう説明されるでしょうか。私は、「塾は勉強を教えるところ。学校は人を育てるところ」と考えて子供たちと教職を歩んできました。保護者のみなさんは、どんな人になってほしいと思い子供たちを学校に送り出しているのでしょうか。「思いやりのある子に」「人の痛みがわかる子に」「あきらめないで何でも挑戦しようとする子に」というような思いでしょうか。もちろん、塾に行かずとも勉強もわかるという指導をしたいと思って私は担任をしてきました。つまり、いろいろな勉強をしながら、それだけではなく、人としての成長を生み出すのが教師の役割であると思うのです。

こうした学びの営みを学校や地域に知ってもらうことがとても重要です。例えば、学校公開日や参観日のお知らせ、学級通信は学校ホームページなどを活用します。

算数科の学習では、「百マス九九に取り組むシーン」を公開したことがあります。このときに育てたい力は、「努力し続けること」「人と比べず、自分の中で目標をもって取り組むこと」「相手の気持ちを考えて人を馬鹿にしないこと」「頑張って喜ぶのは当然で、それを素直に認められること」など、この一つの学習活動で、いろいろな心の教育をしているということをお伝えしてきました。

その次に、多様な考えを出し合うシーン。「それもいいね」「でも、この方がいいかも」と議論したり、友達と話し合ったりする活動をご覧いただき、「こうして互いの意見を尊重することの大切さ」「意見を出し合い、時に否定するのは、相手を否定することではない」などということを子供たちに伝え、こういう日々の学習を積み重ねています、というように解説しながら参観を進めたり、学級通信等で紹介したりするのです。道徳科の学びも同様です。学校が何を大事にして、どういう力を育てたいと思っているのかを共有することが、学校、家庭、地域で同じような方向を向いて子育てしていくためには必要なのです。こういうつながりも、大事にしたい横のつながりです。

06 学びを縦につなげる1

まず教師が同じ内容項目同士のつながりを意識する

6年生の「親切、思いやり」と1年生の「親切、思いやり」は、どう違うのでしょうか。教材が違う、というくらいの意識では、「縦」につなげる指導はできません。

国語科の「物語文」の学習も、体育科の「鉄棒」の学習も、学年で指導することが違うのは当たり前ですね。さらに、国語科の物語文は、年間に複数あり、それぞれに違うねらいがあります。これと同じように、道徳科の教材を「縦」に考える意識を教師がもつことが重要です。

学習指導要領の内容は小学校では2学年ずつ示されています。例えば「正直、誠実」について、小学校低学年では「うそをついたりごまかしをしたりしないで、素直に伸び伸びと生活すること」について考えることになっています。

この内容を四つの教材を通して学ぶことになるのです。「きんのおの」では、正直にしているといいよね、ということを中心に扱います。ところが熱心な教師ほど、ごまかすとどんな気持ちになるか、謝れないときもあるよね、正直に言えたらどんな気持ちでいられるかな、とあれもこれも教えたくなるわけです。実は、そのあれもこれもの熱心さが、「道徳嫌い」を生み出します。皮肉なものです。それはなぜか。そういう教師の授業は、4回とも同じような内容の授業になるのです。確かに教材は違います。でも、一度教えたことを何度も繰り返しなぞる授業になる。これが、「わかりきったことを言わせたり書かせたりする授業」が生まれる原因となります。まずは、教師が縦のつながりを意識し、「点」の意味を線で捉え考えてみましょう。

光村図書出版の教材配列

1年生第1教材	10　きんのおの	正直なきこりは神様から金のおのをもらい、うそをついたきこりは自分のおのも失った話を通して、正直でいることの大切さについて考えさせ、うそをついたりごまかしたりしないで、誠実に生きようとする心情を育てる。
1年生第2教材	33　なわとびカード	縄跳びのとべた回数をごまかさなかった「わたし」の姿を通して、伸び伸びと生活するために大切なことについて考えさせ、うそやごまかしをせず、明るい心で楽しく生活をしようとする実践意欲と態度を育てる。
2年生第1教材	16　お月さまとコロ	友達に素直に謝ることができずに悩むコロの姿を通して、明るい心で過ごすにはどうすればよいかについて考えさせ、いけないことをしてしまったら素直に謝り伸び伸びと生活しようとする実践意欲と態度を育てる。
2年生第2教材	32　すてきなえがお	バスの中で他の人の足を踏んでしまった「わたし」の姿を通して、正直に謝ることができると、どんな気持ちになるのかについて考えさせ、うそやごまかしをしないで、明るい心で生活しようとする心情を育てる。

07 学びを縦につなげる2

前の学年の学びを生かす

「明日は『思いやりをテーマとした学習』を行います。前の学年では、『○○』というお話で考えたね。どんなことを考えていたのか、自分の振り返りを用意しておきましょう」

このような指示を出して、前の学年の学びを生かせる体制になっているでしょうか。

ICT端末は、こういうときに効果を発揮するのです。後述のe－ポートフォリオを参考に、子供たちの学びの記録を使えるようにしていただきたいのです。

道徳科は、他教科等以上にレディネスが大きく違います。「親切な人になりたいな」という子供と「相手が嫌かもしれないし、相手の心は読めないのに親切にするなんて無理」

という子供では前提が異なっています。だからこそ、自分が前の学習でどんなことを考えていたのか、その考えがどう変わっていくのか、一つ一つの教材の学びである「点」をつなげて、「線」にしていくことが重要です。

その点と点の関係を教師はもちろん、子供が意識できるようにしていくことが重要です。全て教師がお膳立てするのではなく、学習者を育てていきたいのです。同じ内容項目の教材を振り返るだけではなく、「明日の教材を読んで、これまでの学習で関係していそうな教材を見つけておくといいね」と発展させることもできるでしょう。さらに、言われなくても、「先生！ 今日の学習は、前の○○と関係していそうだと思う！」というような学び方ができるような子供も出てくるはずです。

コンピテンシーベースの学びは、まさにこういうことから始まります。何年生までにこういう学び方ができるように育てていくのかという学校全体での系統性を考えることも大切です。どうやって「つながり」を意識できる子供を育てるのか。そういう意識で授業を構想する力がこれからはますます重要になります。そのためには、前の学年までにどのような学びをしてきたのか、教師が知ることが重要です。そうしなければ、「わかりきったことを言わせたり書かせたりする授業」になってしまうのです。

08 学びを縦につなげる3

これからとつなげる

道徳科の学びの終末には、いわゆる「価値の一般化」と呼ばれる機能をもたせた学習活動をする先生が多いと思います。本時の教材での学びを本時だけで終わることなく、日常へとつなげるという意味をもちます。

このときに子供たちに意識させていただきたいことは「これからにつなげる」ということです。「今日の学びを今後にどう生かしますか？」と問うたときに、「これから」と言われてすぐに想像できる子供もいれば、筆が止まってしまう子供もいます。これは、これからという言葉が抽象的だからかもしれません。

「次の学年までにどうなっていたいかな？」「将来、どんな大人になっていたいかな？」と、その子供が考えやすい「これから」でよいと個別最適な学びができるような配慮をするとよいでしょう。

ワークシートをデジタル化することで、いろいろなワークシートを準備することができます。これにより、「これから1」すぐにできるようになりそうなこと・「これから2」次の学年までに生かせそうなこと・「これから3」こんな大人になりたい、というようにその子供が書きやすいワークシートを用意することも容易になるのです。

なりたい自分と本時をつなげる「心の階段」を作成するのも、これからにつなげる方法の一つです。

漠然とした思いを、より自分事として考えることで、これまで以上に「縦」のつながりを意識できるように支援したいですね。

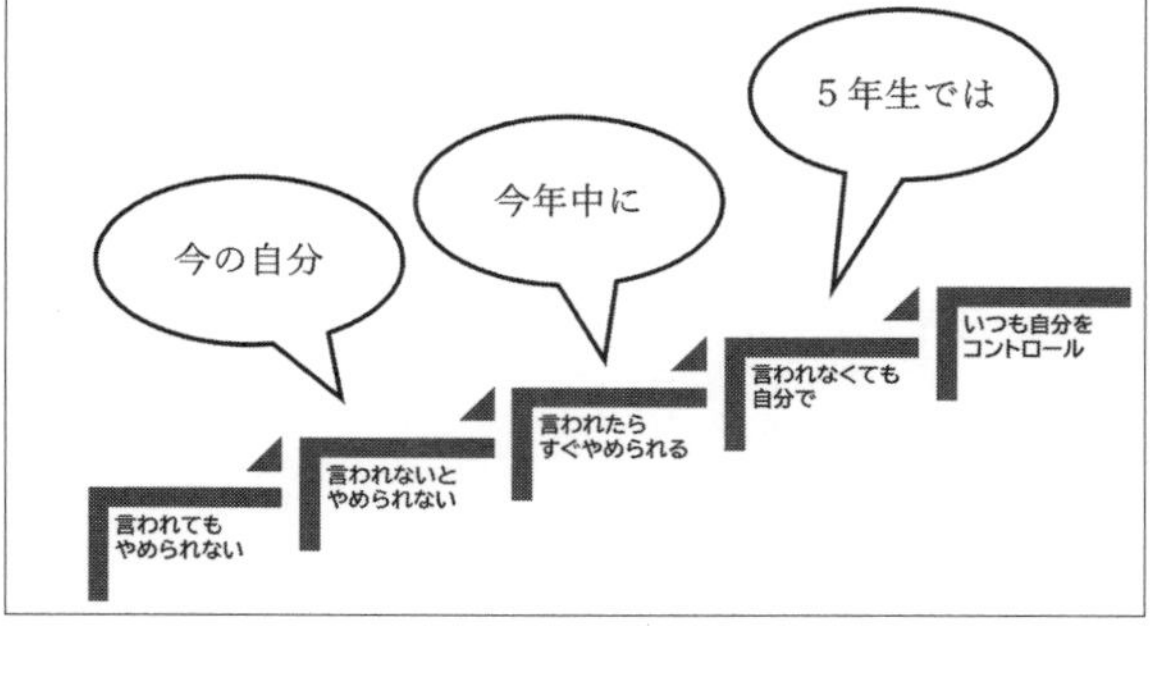
節度節制の心の階段
今の自分
今年中に
5年生では
言われても
やめられない
言われないと
やめられない
言われたら
すぐやめられる
言われなくても
自分で
いつも自分を
コントロール

09 学びを蓄積するポートフォリオ1

キャリアパスポートを生かす

各学校では、1学年につき5枚程度のシートを保存するキャリアパスポートの取り組みがされていると思います。その趣旨がわからず「ただやらされている」という意識の先生は、「こんなもの意味ない」「ブラックなのにさらに仕事が増えた」という負担感になってしまいます。そこで、改めて「キャリアパスポートの意義」を考えていただきたいのです。

進級した子供たちの学年の始まりの場面。「今年はどんなことを頑張ろうと思っているのかな?」と子供たちに問うたとき、前年度のキャリアパスポートを見ながら考えれば、あっという間に子供たちは目標設定ができるのです。なりたい自分を意識できれば、学校生活の様子も変わってくるでしょう。自分の成長を感じて自己肯定感が高まったり、メタ認知をして自己調整できるようになったりするような力が育っていくことは、日々の各教科等の学びでも生かされます。つくらなければならない「キャリアパスポート」をうまく活用することができれば、子供自身もその意味を感じられるのです。その姿を見れば、先生方もキャリアパスポートの効果を実感できます。こうしたサイクルが生まれていないために、「キャリアパスポート」が形骸化してしまっている学校もあるように思います。

また、内容によっては、キャリアパスポートの効果が発揮されません。「徒競走で1位になりたい」「頑張ったけれど3位でした。来年は1位になりたいです」というような行事の振り返りを保存していても、次の年にはあまり生かせないのです。翌年もまた同じような目標と振り返りが繰り返されるのみです。

もしも、「徒競走で1位になりたいから、毎日走る練習をしようと目標を立てたけれど、続けることができなかった。来年までに目標に向かって努力する力をつけたい」というような内容項目を窓口とした振り返りができるようになっていれば、運動会の前だけではなく、日々の生活の中で、「努力する力」がその子供のキーワードになるのです。こういう目標や振り返りを綴じるキャリアパスポートが各校で作成されることを願います。

10 学びを蓄積するポートフォリオ2

e-ポートフォリオ

デジタルでポートフォリオを蓄積していくよさは、実は、1年単位ではあまり感じられません。数年後に子供たちが見たときに「あー、前はこんなことを考えていたんだなぁ」と初心を思い出したり、自分の成長を実感できたりするときに、最も効果を発揮するのです。先生方には、そういう長い目で子供たちの指導にあたっていただきたいのです。

「紙（ペーパー）の方が早い」という目先の話ではなく、記録して残すことで、将来の子供たちの学びの材料となるという視点です。例えば、子供たちの学級写真を小学校1年生から中学校3年生まで並べてみたらどうでしょうか。顔はあまり変わらないな。面影はあるけれど変わってきたな。ずいぶん大きくなったな、と比べるからこその気づきが生まれます。学校によっては、まだデジタルに移行しきれていないところもあるでしょう。これがだめだとは言いません。子供の実態に応じて、数年かけてデジタルに移行していく真っ最中ですので、そういう状況があっても当たり前です。

しかし、アナログの記録をしていたとしても、それをぜひ、デジタル化してほしいのです。ノートやワークシートを写真で撮影し、ＰＤＦや画像ファイルとして端末に保存しておく。これだけでも、子供たちの将来のためにしていただきたいのです。一生懸命に書いたノートやワークシートを家庭に返却した時点で、せっかくの子供の学びの足跡が学校では見られなくなってしまうのです。家庭によっては、すぐに処分してしまうこともあるでしょう。これは、家庭が悪いのではなく、返されてもそれをどうしたらよいのか、どのように生かすのか、家庭ではわからないのです。むしろ、学校もこれまでそういう「線」の意識がなかったので当然なのです。この当たり前を変えるときが「ＧＩＧＡスクール構想」でやってきたのです。デジタルのよさは、簡単に保存できることです。場所をとらず保存でき、すぐにそれにアクセスできる。このｅ-ポートフォリオ化をぜひ各校で進めていただきたい。そして子供たちが成長を実感できるようにしていただきたいのです。

11 学びを蓄積するポートフォリオ3

OPPAシートの活用

ＯＰＰＡシートとは、One Page Portfolio Assessment の略語です。１枚ポートフォリオ評価という意味になります。ＯＰＰと呼ばれることもあります。これを活用して道徳科の学びを１枚の紙の中でつなげていくこともできます。例えば、いくつかの教材をユニット化して１枚に整理する際に有効です。子供たち自身がユニットを意識しながら、各教材での学びを関連させることができます。その際、行事なども位置づけることによって、他教科等や行事等との関連も図ることが可能となるのです。

例えば、「運動会」を中心としたユニットを子供たちとつくる例を考えてみます。まず、運動会の取り組みで大切にしたいことを考えてみます。「協力」「役割」「目標」「努力」などの言葉が出てくることが予想されます。次に、その言葉を内容項目で整理してみます。

そうすると、「希望と勇気、努力と強い意志」「親切、思いやり」「友情、信頼」「よりよい学校生活、集団生活の充実」というような項目に分類できます。

運動会を生かした自分の成長

1　今年の運動会で自分が大きく育てたい心（色をつける）

希望と勇気，努力と強い意志

親切，思いやり

友情，信頼

よりよい学校生活，集団生活の充実

2　学びの記録

3　運動会当日に生かしたいこと

4　運動会を終えて

このように、カリキュラム・マネジメントを子供と共に行うことが重要です。これまでの実践では、教師が意図しているだけで、それが子供のものになっていないこともよくありました。これは、子供自身がつながりを意識することができるような実践の方法です。

ユニットができたら、まずは、OPPAシートを教師が作成し配布するとよいでしょう。この形式は、デジタルをおすすめします。大きさを変えるなど、一人一人のニーズに合わせてアレンジできることや、練習の写真なども取り込んでまとめていくことができるためです。

運動会の目標といえば「徒競走で1位をとる」というようなものがよくあります。こういう目標設定では、「2位だったので、来年は1位を目指したいです」という振り返りで終わってしまうのです。本来、運動会で育てたい力は、「徒競走で1位をとる」ために、「あきらめずに努力する」ことや「友達とアドバイスし合い高め合う」ことなどのはずなのです。こうしたねらいを子供たちと共有し、自分の成長に行事を生かすという点でもOPPAシートは有効です。

道徳科を要としたキャリアパスポートに

キャリアパスポートには、「1年間の目標や振り返り」「行事の目標や振り返り」などを綴じる学校も多くあるでしょう。前述のように、「かけ算ができるようになりたい」「跳び箱を飛べるようになりたい」というコンテンツベースの目標と、その振り返りでは、自己の成長をつなげて考えることが難しくなります。一つ一つの学習活動にどのように取り組むのかというコンピテンシーベースでの学びの記録を残していくことで、キャリアパスポートのよさが発揮されていきます。

例えば進級時に「算数が苦手になってきた」という課題意識をもっている子供がいたとします。こういう子供は「算数を毎日頑張る！」という目標を設定しがちです。これは、人間の弱さに向き合えていません。毎日復習した方がよいとわかっていてもできないから、苦手になってきているのです。そこで、「高い目標を立てて、頑張る心を育てたい」というような内容項目を窓口とした目標を立てるようになってほしいわけです。すると、算数でも体育でも行事でも……全教育活動につながってくる目標になるわけです。○年生では、努力する心が育ってきたな。次の学年では役割や責任を果たす心を大きくしたいなというようなシートを作成し、それを綴っていくことで、「要としての道徳科」がより機能していきます。これをキャリアパスポートに綴じていくことで、子供たちは自己の成長を実感できるようになっていくはずです。

「〇年生のときは、まだまだ自分に甘かったな」と、当時の自分のメタ認知を将来自分で問い返すこともできるでしょう。そういう子供は、「もっと自分自身をコントロールできるようになって、誘惑に負けずに目標に向かって努力する心を育てたい」というような目標をもちながら生活し、道徳科を要として学ぶことができるのです。

自分の心のレーダーチャートをキャリアパスポートに

その学年の目標や自分の成長を振り返る視点として、「自分の心のレーダーチャート」を活用してみる方法も考えられます。体力テストのレーダーチャートでは、自分の得意不得意を見るだけでなく、平均値が示されることが多いのですが、「心のレーダーチャート」には、平均値などの記載はしません。あくまで個人内の自己評価として見える化する方法です。体育科では「投げる力が弱いから、その力を身につけたい」というような自己分析をした上でそれぞれの教材を学ぶことで、自己調整を図りながら学ぶ力をつけることができます。道徳科でも、「ついついやりすぎてしまうことが多い」というような自己評価があった場合には、様々な生活場面で「節度、節制」を意識できるようになるでしょうし、毎日意識することが難しくても、道徳科の「節度、節制」の学びのときに、立ち止まって自分の日常を見つめることができるはずです。

学年はじめのオリエンテーション時や学期の終わりに自己を見つめ、よりよい生き方を自分の中で目指すための窓口を意識できるようにしていく。それを学年ごとに積み重ねることで、子供自身が成長を実感できる工夫を取り入れたいですね。

あとがき

道徳科の授業への期待

ＧＩＧＡスクール構想の下、子供たちに一人一台のＩＣＴ端末が配付されてから、各学校では様々な教科等での積極的な活用が始まっています。その活用は目的ではなく、「主体的・対話的で深い学び」を視点とした授業改善のための手段となり始めています。

各教科等には、その目標に「見方・考え方を働かせて」という言葉があり、この「見方・考え方」にこそ、それぞれの教科等の特質を踏まえた学習の過程が示されています。こうした学習を通して資質・能力の三つの柱である「知識及び技能」「思考力、判断力、表現力等」「学びに向かう力、人間性等」を育成していくのです。

お気づきの通り、道徳科の目標には「見方・考え方」という言葉は見当たらず、小・中学校の学習指導要領解説　総則編にも示されていません。これは、現在の学習指導要領の下、各教科等が全面実施を迎える前に、道徳は特別の教科としてスタートしたことによるものですが、平成28年12月21日の中央教育審議会答申には、道徳科における「見方・考え方」は次のように示されていることは第1章でも触れました。

○「考え、議論する道徳」を目指す今回の小・中学校学習指導要領の改訂の趣旨に照らして考えると、道徳科における「深い学び」の鍵となる「見方・考え方」は、今回の改訂で目標に示されている、「様々な事象を、道徳的諸価値の理解を基に自己との関わりで（広い視野から）多面的・多角的に捉え、自己の（人間としての）生き方について考えること」であると言える。

この道徳科の「見方・考え方」こそ、道徳科の目標の中に示されている学習であり、一人一人の問題意識から始まり、自分の考えをもち、みんなで話し合いながらその問題解決の糸口を見つけ出し、改めて自己を見つめ、よりよい生き方とはどのようなものなのかを吟味して自分のものにしようとする大切な学習なのです。こうした学習を子供たちが主体的に行えるようにするために、教師は学習指導過程や指導方法を工夫して授業を行っています。その学習指導過程では、誰一人取り残すことなく、全ての子供たちの可能性を引き出すためにも、今一度子供の側に立ち、一人一人の子供たちの学びの姿を表しているのがならば、どのようなルートを辿って子供たちはねらいとする道徳的価値を理解し自覚して、道徳性の諸様相である道徳的な判断力、心情、実践意欲と態度を自分の中に育てていくのか、全教育活動を通じて行う道徳教育では、どのようなルートを辿って自らの道徳性を養っていくのか、子供自身がマネジメントするような可能性を秘めているのが「個別最適な学び」と「協働的な学び」です。

これまで道徳科では、各教科等と同様に「主体的・対話的で深い学び」を授業改善の視点とし、また、「考え、議論する道徳」を視点として授業の質的転換を図ってきました。そしてこれからは、令和の日本型学校教育として、誰一人取り残すことのない、全ての子供たちの可能性を引き出す教育の実現を図るため、「個別最適な学び」と「協働的な学び」を新たな視点としながら、道徳科の授業のより一層の充実を図っていきます。こうした言葉はそれぞれが独立しているものではなく、全てが道徳科の目標に示されている学習を行うためのものであり、一人一人の子供たちの道徳性を養うことを目標としていることを忘れてはなりません。

ところで子供たちは、道徳科をどのように学びたいと考えているのでしょうか。全国の子供たちと関わる中でよく聞かれるのが「いろいろなお話（教材）を聞くのが好き」という声です。やはり道徳科の教材は子供たちにとって大きな魅力なのです。また「みんなと話し合うのが好き」という声も多く聞きます。大切なのは、教師の視点や学習者の視点から整理した言葉に踊らされるのではなく、学ぶ側の視点から学習を捉え直すということであり、こうした子供たちの声を聞いて道徳科の授業を設計することがとても重要です。

道徳が特設されてから60年が過ぎて特別の教科となり、Society 5.0の時代を迎え、道徳科の学習が大きく変わろうとしています。ＩＣＴ機器の活用は見えない心を可視化し、多くの考えを瞬時に共有させ、自分でも気づかなかった自分の姿を浮かび上がらせることでしょう。これまで以上に道徳科の授業が積極的に行われ、自分もみんなも幸せな世界が築き上げられることを大いに期待しています。

２０２３年11月

十文字学園女子大学教授　浅見哲也

【著者紹介】

浅見　哲也（あさみ　てつや）

1967年埼玉県生まれ。埼玉大学教育学部を卒業後，1990年より埼玉県熊谷市及び深谷市内の公立小学校教諭，埼玉県教育委員会及び深谷市教育委員会指導主事，同市内小学校教頭，校長兼幼稚園長を務め，2017年より文部科学省初等中等教育局教育課程課教科調査官，国立教育政策研究所教育課程研究センター教育課程調査官を経て，2023年より現職。どの立場でも授業をし続け，子供との対話を楽しむ道徳授業を追求中。

安井　政樹（やすい　まさき）

札幌国際大学准教授。公立小学校教諭を経て2022年４月より現職。道徳教育，ICT 教育，インクルーシブ教育が専門。2022年度『道徳教育』（明治図書）で連載を担当。NHK for School の道徳番組や特別支援教育番組などの監修を務める。主な著書・分担執筆に『特別の教科　道徳　指導と評価支援システム』（東洋館出版），『実例でよくわかる　小学校「道徳科」評価と通知表記入』（教育開発研究所）などがある。

道徳授業の個別最適な学びと協働的な学び
ICT を活用したこれからの授業づくり

2023年12月初版第１刷刊　©著　者　浅　見　哲　也
安　井　政　樹
発行者　藤　原　光　政
発行所　明治図書出版株式会社
http://www.meijitosho.co.jp
（企画）茅野　現（校正）養田もえ
〒114-0023　東京都北区滝野川7-46-1
振替00160-5-151318　電話03(5907)6702
ご注文窓口　電話03(5907)6668

＊検印省略　組版所　中　央　美　版

Printed in Japan　ISBN978-4-18-264759-8